第五風暴

一個失控政府，一場全球災難

麥可・路易士——著
卓妙容、吳凱琳、沈大白——譯

THE FIFTH RISK

MICHAEL LEWIS

目次

遷」！／七個小方格，你認識幾個？／七成預算在他手上，你卻從來不知道他的存在／為民服務的公務員，得知道自己「不」需要什麼／看似落後的農業部，其實掌管先進的科學研究／但是，川普卻任命了一個全無科學背景的主管……／食品安全、氣候變遷與……垃圾科學／別小看這個小方格，它掌管三百億美元／他們投票給川普，而川普卻……

第三部　氣候，數據，人口普查

議員先生，猜猜看你手機裡的氣象預測是哪來的？／誰說旅行一定是平面的？我就是要立體的旅行！／你喜歡逐夢、喜歡當業務，還是太空人？／「外太空」和「女人」，何者比較神祕？／關掉恐懼情緒，從太空人到……商務部／什麼？全球氣象數據居然存在商務部電腦裡？／還記得嗎，小時候的氣象預測有多麼不準……／天有不測風雲，有時候預測兩天，有時候預測十四天／google拒絕他，Yahoo！也不要他，結果他成了首位「數據科學家」／我以為商務部是管商業活動的，沒想到竟然是……／這他媽的美國國家海洋暨大氣總署是什麼東西？／這家公司居然可以預測未來九十天的天氣，你信嗎？／沒有商務部，就沒有你手機上的氣象預測／他們硬是要把屬於人民的公共財，塞進自己的口袋裡／政府手中的數據，就是人民日常生活的縮影／天氣保險，是不是門好生意？／有了衛星、有了ipad，將來還需要老農嗎？／川普上台，珍貴數據悄悄從政府資料庫中消失……／就快沒衛星監測天氣了，兩黨還在吵……／別告訴我風速，要警告我屋頂會掀翻、水會淹到膝蓋／當氣象專家遇上行為經濟學家……／不是時間不夠，而是沒人相信自己這麼衰／只顧著研究風暴，卻忽略了被風暴威脅的人／眼前的風暴，很可能暗藏著一道龍捲風／最後把你害死的，往往是你作夢也不相信會發生的事

第五風暴

推薦序

由美國失控危機，想像台灣風險

文／彭啟明（天氣風險管理開發公司總經理、氣象達人）

很榮幸能替這本書寫推薦序，作者麥可．路易士寫過的三本書《攻其不備》、《魔球》及《大賣空》都曾拍成電影，許多台灣讀者也很喜歡這幾部兼具深度與張力劇情的作品。

本書敘述川普當選總統的交接過程，作者透過訪談，清楚地描繪了川普核心、競選團隊、交接團隊、交接首長與公務員體系互動的過程，特別是能源部、農業部及商業部（以及轄下的國家海洋暨大氣總署）這三個很重要的部會。因我個人在氣候變遷與氣象的領域關係，和這些單位都曾互動交流，常常讀他們的新聞及動態，本書作者彷彿把整個人事時地物，生動地搬到我面前，依據我對這幾個美國政府部門的了解，麥可．路易士的描述非常真實且傳神。

猶記得二十幾年前，我還在唸博士班，有一次到美國當交換學生時，我還清楚記得到了紐約走入川普大樓，迎面而來的是一個金色大字「川普」，那是我第一次對川普這個人感到好奇，我好想知道怎麼會有人那麼自戀！後來他主持電視節目、選總統，選前看他親自推特發文，毫無修飾的言詞，總覺得非常有趣。

他當選之後，儘管很多人質疑他的治國能力，但剛開始我還很「務實」地看他。因為我總覺得一般傳統政治人物往往人前一套、人後一套，說與做之間常會差很多，但川普出身企業界，有企業家的歷練，照理說應該會比傳統政治人物務實些，尤其他曾經歷暴起暴落，應會更珍惜自己得來不易的勝選。或許這樣的一位非典型政治領袖，可以改變全球政治實務，例如在我的氣候變遷領域或是氣候金融上，能看到明顯的進展。我的確曾經這樣期待過！

事後證明，我的確是看走眼了。根據本書作者麥可．路易士的深入採訪調查，川普上任以來這段期間，竟然「歷史上從來沒有任何時候像現在這樣一事無成」。尤其，他以意識形態掛帥，混亂的政權交接，習慣用短線思考來面對長期問題，把整個美國（以及全世界）推向「第五風暴」——一種隨時可能爆發的新型態危機。

還有，川普政府的預算及人事調整方式，也顯示他對於長期「計劃管理」的不重視，這一點，在作者提及的三個關鍵部會——能源部、農業部與商務部——都明顯出現這個嚴重的問題。

例如氣象預測，對你我而言簡直隨手可得，但若你仔細探究，就會明白任何一筆看似輕易取得的氣象資訊，背後都需要經歷很多硬體建設及基礎科學的投入與營運。問題是，川普當選後卻大幅刪減預算，將許多重要的大型計畫喊停，讓不少科學研究人員失業。這麼做的後遺症之一，就是讓美國在二〇一七～一八年破紀錄地創下三十個超過十億美金的天然災害事件。當然，這些損失不能說和刪減預算直接有關，但對於整個防災應變的措施的確有連帶的關係，而且我們也看不到川普未來能否有更好的應對措施策略。改革與創新，說說很容易，但要如何在現有基礎上讓公務體系能夠正常運轉，或許是每位執政團隊都該深思的。

我們都知道，民主國家有一定的常任文官，但說實話，這些公務員長期受到外界的誤解和責難。本書敘述了許多模範公務員的故事，以及他們默默為國家、為社會所帶來的創新與貢獻。然而，在川普就任之後，這些基層公務員也遭遇到很大挫折。路易士說，當社會上有那麼多人完全不關心政府，對政府部門的結構與功能一無所知，就會讓國家走到今天這步田地。別再誤以為政府的存在就是要滿足我們這群「消費者」，政府必須服務人民沒錯，但要記住：其實我們都是在一條船上禍福與共。

回頭想想，不只是以民主深化自許的美國遭逢如此巨變，我們台灣不也常常面臨類似的情境嗎？尤其當政權輪替，龐大「經費不再是發給最重要的研究主題，而是留給關係最親近的政治夥伴」，不僅摧毀了各部會的核心任務，也等於在摧毀國家。未來面對新形態的風險管理及緊急應變，我們必須要對各種可能產生的危機有更深的了解，才能避免國家或全球被推向不可思議的風暴當中。

前言

從政權「漏」接的那一天講起……

克利斯帝正一臉鐵青地坐在沙發上。

川普怒不可遏，對著克利斯帝潑口大罵：

「你這是在偷我的錢！你他媽的偷我的錢！」

「幹，發生了什麼事？」剛抵達的班農心裡嘀咕。

這時川普轉而對班農大吼：

「你為什麼允許這傢伙他媽的偷我的錢？」

這一切，要從克利斯帝（Chris Christie）在《紐約時報》上看到的一篇文章說起。

這位前紐澤西州長在二〇一六年二月退出美國總統初選，改為支持川普。四月底，他看到《紐時》報導，當時仍在競逐的兩黨候選人——川普、卡西奇、克魯茲、希拉蕊、桑德斯，派出代表到白宮開會。這是美國政壇傳統，任何有機會入主白宮的人都必須提早做好準備。然而克利斯帝發現，川普所派出的代表糟糕得非常離譜。他打電話給川普的競選主任魯宛道斯基（Corey Lewandowski），但魯宛道斯基告訴他：「我們派不出別的人了。」

於是，克利斯帝毛遂自薦，擔任川普交接小組組長。「當不成總統，能當交接小組組長也不錯，」他跟朋友說：「至少你可以參與當總統的過程。」

他跑去見了川普，但川普告訴他，不需要什麼交接小組，八字都還沒一撇，幹嘛要準備什麼交接？克利斯帝說，這是法律規定的。川普問，那這個小組成員的薪水，是誰要付？克利斯帝說，通常是總統候選人自己掏腰包，或是從競選經費裡支出。川普說，他才不要自己掏腰包，也不想從他的競選經費裡拿錢出來，但他同意讓克利斯帝另外募一筆錢，來負責這件事，「可別花太多錢。」川普說。

有沒有尚未曝光的醜聞？有沒有什麼把柄在別人手上？

就這樣，克利斯帝開著手進行很可能不會發生的白宮交接準備工作。

不過，川普陣營裡有一個人對克利斯帝的存在，一直感到不舒服。六月的某一天，克利斯帝接到川普顧問曼納福特（Paul Manafort）的電話：「那小子看你很不順眼。」

他口中的「那小子」不是別人，正是川普女婿庫晉納（Jared Kushner）。因為早在二〇〇五年，克利斯帝還在紐澤西當檢察官時，庫胥納的爸爸查爾斯（Charles Kushner）就因為逃稅，遭到克利斯帝起訴並坐牢。當時，查爾斯懷疑自己的姊夫暗中跟克利斯帝通風報信，於是花錢請了一個妓女色誘姊夫，並偷錄下整個過程，還把影片寄給姊姊。

很顯然，這件事庫肾納一直記恨在心。但川普根本沒把這事放在心上，他與梅蘭妮結婚時，克利斯帝還是座上賓；庫胥納與伊凡卡結婚時，川普也硬要克利斯帝出席。「我參加他們的婚禮會很尷尬吧！」克利斯帝說，但川普回答道：「婚禮是我出的錢，我才不管他怎麼想。」

沒多久，克利斯帝發現自己在川普陣營的工作，得向一個「委員會」報告，這個委員會的成員中有庫胥納、伊凡卡、川普的兩個兒子（唐納與艾略克）、曼納福特、米努勤（Steven Mnuchin）、塞辛斯（Jeff Sessions）。到了七月，當川普正式獲得共和黨提名後，交接小組搬到華府辦公，並且得開始為將來白宮所需要的大約五百個職缺物色人選。

每一個聯邦政府部會都必須安排人選，但其中有很多職務對川普陣營的人而言，是聽都沒聽過的。他們不知道要怎麼找人來當下一任國務卿，不知道該找什麼樣的人來當交通部長，更別提什麼「貝瑞高華德學術與教育基金會」（Barry Goldwater Scholarship & Excellence in Education Foundation）是什麼玩意兒了。

一個月後，這個位於賓州大道與十七街口上的「川普交接小組總部」已經有一百三十人上班，另外還有上百位兼職人員。他們的任務，是為五百個職務列出可能的人選。為了收集名單，他們得遍訪全國各地，請益的對象包括曾經在政府部門服務過的共和黨人、川普的顧問、以及曾經擔任過這些職務的人。接著，他們必須對名單上的人選展開身家調查——有沒有尚未曝光的醜聞、有沒有什麼利益衝突、有沒有人格瑕疵等等。每個星期，克利斯帝會把名單放入資料夾，上呈給庫胥納、伊凡卡、唐納與艾略克等人。「名單上的人選他們往往聽都沒聽過，」一位交接小組的資深成員說：「他們會問，這個人是誰？那個人是做什麼的？唯一被他們否決的人，是曼納福特的祕書。」

你這是在偷我的錢！你他媽的偷我的錢！

至於川普本人之所以會開始關心這個小組，是有一天他在報上看到一則關於這個小組的新聞。新聞上說，紐澤西州長克利斯帝募到數百萬美元，作為這個交接小組的人事經費。川普讀了新聞，立即從川普大廈二十六樓打電話給當時的競選總幹事史帝夫．班農（Steve Bannon），要班農馬上到他家——位於川普大廈的更高樓層——一趟。

當班農抵達時，克利斯帝正一臉鐵青地坐在沙發上。川普怒不可遏，對著克利斯帝破口大罵：「你這是在偷我的錢！你他媽的偷我的錢！」「幹，發生了什麼事？」班農心裡嘀咕。見班農出現，川普轉而對班農大吼：「你為什麼允許這傢伙他媽的偷我的錢？」

班農與克利斯帝試著向川普解釋聯邦法律的規定：在投票前幾個月，兩大政黨的總統參選人依法必須為接掌白宮做好準備。政府會在華府提供一個免費的辦公室，外加免費的電腦與垃圾桶等設備，但參選人必須自己花錢請人。川普說，去他的法律，我才不鳥那麼多，我要拿回我的錢！班農和克利斯帝試著說服他，這筆錢是省不了的。

那就解散，川普說，解散這個交接小組！

班農與克利斯帝都認為這不是個好主意，不過兩人的理由不一樣。克利斯帝認為，如果解散了這個小組，川普就更難有機會接掌白宮，但班農知道，川普根本壓根兒沒心思去想什麼接掌白宮，班農之所以反對解散這個小組，主要的考量是怕川普會被媒體修理。「要是你真的解散這個小組，你覺得明天早上的電視名嘴會怎麼說你？」班農確信，名嘴們一定會說川普解散這個小組，是因為知道自己根本不可能當選。

這時，川普不再吼叫，願意靜下來想了。「這樣講也有道理。」他說。

於是，克利斯帝繼續帶領這個小組。他試著更低調，但效果不大，三不五時總會有媒體報導他募了多少錢，而川普只要看到這些新聞就會再度很不爽。在川普看來，任何人捐給他的政治獻金，都是他的錢。對他而言，還沒勝選就要為交接做準備根本是沒有必要的一件事。「克利斯帝，」川普說：「以你我兩人的聰明才智，只要早一點從勝選慶功宴上離開，給我們兩個鐘頭，就能搞定交接的事。」

如何吸引有才華的年輕人來當公務員？

回到當時，如果你讓所有美國人排排站，要全國三億五千多萬人依照「心中對聯邦政府感興趣的程度」排隊，那麼川普應該會排到最後幾位，而排在最前面的人當中，鐵定有麥斯．史帝爾（Max Stier）。

在二〇一六年秋天，史帝爾很可能是全美國最了解美國政府運作方式的人之一。他從小就對政治充滿著浪漫的憧憬，一九八〇年就讀耶魯大學、一九九〇年代畢業於史丹福大學法學院的史帝爾，對賺大錢向來沒半點興趣。對他而言，美國政府是地表上唯一最重要、最有趣的組織，「如何讓這個組織更好」是他唯一的心願，其他事情他一概沒興趣。史丹福法學院畢業數年後，遇到一位名叫山姆．黑曼（Sam Heyman）的金融家，兩人都有一個共同的疑問：為什麼美國有能力的優秀年輕人，對於當公務員興趣缺缺？於是黑曼給了史帝爾兩千五百萬美元，成立一個組織來改造政府，鼓勵年輕人投身公職。

史帝爾認為，要讓有能力的年輕人願意為了政府效命，得先讓政府成為有能力年輕人願意效命的地方。他將組織取名為「公務員伙伴」（Partnership for Public Service），聽起來很無趣，實則不然。透過這個組織，他找出不同政府部門在管理上的具體成就與缺失，把公務員訓練得像企業主管，他甚至遊說國會協助解決政府所面臨的結構性問題，今天川普之所以不得不被迫成立交接小組，正是拜史帝爾的推動之賜。

基本上，對任何聰明又有能力的美國年輕人來說，投入公職的前途實在不怎麼光明。要「利」沒有，因為薪水不高；要「名」也難，因為通常只有在你搞砸了某件事之後外界才會注意到你的存在。於是，史帝爾從二〇〇二年起舉辦了一項「黑領帶獎」，頒發給表現優異的公務員——史帝爾稱他們為「山姆先生」（算是感念捐款成立這個組織的金主）。年復一年，這項活動引起愈來愈多名人與媒體關注。

有趣的是，每一屆公務員獲獎的理由，往往讓人們大開眼界。例如有一年，獲獎的是一位來自能源部、名叫法拉哲・洛克哈特（Frazer Lockhart）的老兄，他獲獎理由是成功清除科羅拉多州核武工廠，而且比預定的進度提早了六十年，還替政府省下三百億美元。另一位曾經獲獎的，是聯邦交易委員會的伊連·哈靈頓（Eileen Harrington），理由是因為推出「請勿來電」服務（Do not call registry），替數以萬計家庭擋下各種騷擾電話。另外還有一位國家健康研究院的研究員史蒂芬·羅森伯格（Steven Rosenberg），獲獎理由是開創免疫治療，拯救了許多癌症病患。類似的精采、重要成功故事，其實在政府機構中俯拾皆是，只是很少被報導出來。

但這些故事，史帝爾一點都不陌生，而且他還發現了一個很重要的特徵：許多重大貢獻都是出自第一代移民之手，而且這些移民的母國通常政府治理非常糟糕。也就是說，那些曾經目睹政府失能的人，更明白政府的重要性，以及身為公務員的意義。相反的，從未見過政府崩壞的人，往往不懂得珍惜「沒崩壞的政府」。

這正是史帝爾最大的挑戰——要如何向那些把民主制度視為理所當然、對國家治理冷漠的人，說明政府的重要性？他不斷強調：政府的角色，就是為人民提供一般私營企業不能或不願提供的服務，例如退伍軍人的醫療照顧、空中交通指揮、高速公路維護、食品安全把關等等。在他看來，政府是創造成功機會的引擎，例如數以百萬計的美國兒童，如果沒有聯邦政府協助他們獲得足夠營養，將來他們的人生道路會走得更辛苦。「政府的基本角色，」他說：「是讓人民安全地生活。」

交接亂，執政就會亂

美國政府共有兩百萬名員工，其中七成的任務直接或間接與國家安全有關。他們負責管理國家所面臨的各種風險，這些風險中，有些比較容易想像——例如金融危機、颶風來襲、恐怖攻擊等等，有些你很可能從來沒想過——例如容易上癮卻又隨處可輕易買到的藥物，每年害死的美國人比越戰最激烈時還多，還有一些風險感覺像電影裡的橋段、但卻真實存在——例如駭客入侵導致全美國一半以上的地方停電、敵人從空中噴灑病毒造成數百萬人死亡、貧富差距嚴重惡化引爆人民起而革命等等。運作良好的政府，能幫助人民避開原本會面臨的威脅，逢凶化吉，例如癌症藥物的普及，就造福了無數人。

而白宮，正是負責管理各種風險的最高機構。這正是為什麼，總統交接小組如此重要：萬一交接不順利，全體人民就得面臨以上風險的總和——原本能避免的災難會發生，原本不該發生的危機也變得難以避免。

史帝爾投身政府改造工作前，總統交接過程往往一團混亂，常讓他氣急敗壞。「很多人不知道的是，」他說：「交接亂，執政就會亂。」新來的執政團隊通常對問題只能一知半解，而且剛開始總是充滿戒心，等到搞清楚問題所在想要大展拳腳時，任期也已經快滿了。「就像電影《今天暫時停止》的劇情那樣，他說：「剛開始，新來的人總覺得前一任執政者很爛，白宮裡的公務員又懶又笨，接著換他們親自體驗執政的日常，等到他們任期屆滿要離開白宮時，他們會說：『執政真是一項嚴峻挑戰，這些公務員是我所見過最棒的人才。』這種話，我聽過太多回了。」

透過「公務員伙伴」，史帝爾至少促成三個與交接有關的立法。首先是二〇一〇年，國會同意為兩大政黨總統提名人，提供免費辦公室供交接小組使用。「過去，候選人都不敢提前準備交接事宜，主要是怕被外界誤解他們迫不急待地想就任總統，」史帝爾說：「這項立法主要目的，是讓候選人可以名正言順地提前為執政做好準備。」

接著在二〇一一與一二年，為了讓總統當選人能在更短時間內填補職缺，國會將「必須經國會同意」的職務，從原本的一千四百個減少為一千兩百個。在史帝爾看來，一千兩百個還是太多了，但總比沒減少好。最後，國會進一步在二〇一五年規定現任總統也必須提前為交接做好準備工作。

隨著二〇一六年總統大選的腳步逼近，史帝爾相信下一次的總統交接應該不會出什麼大問題。他所帶領的團隊與希拉蕊、川普陣營都見過面。「他們做得不錯，」史帝爾說。反倒是當年的歐巴馬讓他頗失望，他認為歐巴馬剛入主白宮時不夠積極，任用了一些不太適任的人，例如前幾年的「健保網站」（HealthCare.gov）出紕漏，在史帝爾看來並不是什麼意外事件，而是管理不當的結果。不過這回歐巴馬團隊的交接準備倒是做得非常棒，很可能是史上最好的一次。看來，這回順利交接不成問題。

這傢伙什麼都不懂，什麼都不在乎！

來自賓州那通電話響起時，克利斯帝跟川普並肩坐在沙發上，時間已是凌晨一點三十五分。房間裡氣氛有些詭異，麥克・彭斯（Mike Pence）想要親親妻子凱倫，但凱倫別過頭去，「這下你滿意了吧！離我遠一點。」她也懶得搭理川普。至於川普，則一直盯著電視，一句話也沒說，彷彿在賭桌上被人看破手腳了。

他的競選團隊並沒有寫好勝選演說的講稿，也沒有為政權交接做準備——對川普而言，這是再自然不過的一件事：橫豎不必參加的考試，又何必浪費時間準備？何況只要不參加考試，人家就不會知道你其實根本什麼都不懂。但這會兒，似乎真要當上總統了，克利斯帝心想，身邊這位準總統心裡嚇死了。

當電視上傳來川普拿下賓州之後，庫胥納抓住克利斯帝的胳膊緊張地說：「我們明天早上得趕緊開一下交接會議！」

不過，在開會之前，克利斯帝得先確定川普知道與外國領袖互動的標準程序。前幾通電話比較單純，一般來說第一通電話是打給英國首相，但接下來得面對的是比較複雜的各路人馬，你要懂得迴避各種敏感議題才行。但是那天，川普半通電話都還沒打，就莫名其妙地接到埃及總統的來電——不知道為什麼對方會有川普大樓的電話，也不知道怎麼讓接線生把電話轉進來的。「川普根本不知道該講什麼，有點語無倫次……。」一位當時在場的川普顧問說。

對克利斯帝而言，他第一次感覺麻煩大了，是因為庫胥納。因為他聽到庫胥納說，川普採取的是「非正統選舉策略」，所以他不打算照過去的慣例交接。另一個讓他感到情況不妙的人，是彭斯。兩人約好在投票日隔天見面，討論先前所列出的名單。彭斯在討論前先禱告，禱告結束後所提出的第一個問題是：為什麼帕茲德沒有在勞工部長的候選名單上？

他口中的帕茲德，是想要爭取勞工部長位子的ＣＫＥ餐飲集團（哈帝漢堡、卡樂星連鎖餐廳的控股公司）的ＣＥＯ安德魯・帕茲德（Andrew Puzder）。克利斯帝解釋，因為帕茲德被老婆指控家暴，員工也控告他，就算他真是勞工部長的不二人選，也絕對過不了參議院這一關。後來川普不聽勸，堅持提名帕茲德，結果不但被參院否決，由於所掀起的爭議太大，帕茲德後來連餐飲集團ＣＥＯ的位子也沒保住。

與彭斯見面後，克利斯帝接下來得向川普的孩子們、庫胥納，以及另一位「親近川普」的人士簡報。當天他意外發現，怎麼前陸軍中將麥可・佛林（Michael Flynn）也在場。先前他就知道，佛林想要爭取「國家安全顧問」——可說是整個國安系統最重要的角色——寶座，但川普交接小組裡負責國家安全部門的成員（包括退休軍方高層、情報官員），都認為他實在不適任，因此他的名字也沒有出現在推薦名單上。可是這一刻，他卻出現在川普團隊的交接會議上。

伊凡卡問佛林：「你想接哪個職務？」克利斯帝正要插話表示意見，就被班農拉出去，說要跟他私下談談。班農帶著他一路走回辦公室，但克利斯帝心中隱隱不安，「你想說什麼，可以直接說。」他告訴班農。

「好，那我就直說，」班農告訴他：「你出局了。」

「什麼？」克利斯帝不敢相信。

「我們打算換人。」

「換掉誰？」

「換掉你。」

「為什麼？」

「這不重要。」

克利斯帝知道，這是川普的行事風格：他總是避免親自開除別人。這個在電視上飾演「Mr. You're Fired」的主角，在現實生活中卻是另一種人。但克利斯帝不敢相信的是，居然選擇在交接最關鍵的時刻開除他。到底為什麼開除他，班農原本不肯說，直到克利斯帝威脅說當下就要去找記者爆料，班農這才承認：是因為庫胥納。

通常在選後那幾天，在賓州大道與第十七街口上班的交接小組會搬到華府另一棟新大樓，作為進駐白宮的準備。但小組成員很快就發現，他們為川普所準備的名單，根本白費力氣，因為現在川普手上有了另一份名單——哪些人可以進入新大樓。「有些人到新大樓報到，原以為就像平常上班那樣，結果卻被警衛擋在門外，警衛說『抱歉，你的名字不在名單上』，」一位交接小組成員說。

原來，被掃地出門的不是只有克利斯帝，而是整個交接小組。根據南西・庫克（Nancy Cook）在知名網媒《政治家》（*Politico*）的報導，就在開除克利斯帝後幾天，班農跑到交接小組總部，當著所有人的面把大家所準備的名單丟到垃圾桶裡。川普想要自己掌控交接過程，關於這一點，連班農都不贊成。「我真他媽的擔心死了，」班農後來告訴朋友：「這傢伙（川普）什麼都不懂，什麼都不在乎！」

第一部

電力、科技、核子危機

能源部祕密——你不知道，川普也不知道

當一個社會習慣了以短線思考來面對長期問題，

這個社會就會陷入第五風暴之中……

時間是二〇一六年十一月九日，投票日隔天上午。

美國能源部（Department of Energy）主管們在辦公室裡等候，他們清出三十張空桌子，同時保留了三十個停車位。他們不確定待會兒有多少人來，但他們知道，勝選的總統將派一組人馬到所有部會辦理交接，包括能源部在內。八年前，歐巴馬當選後的隔天早晨，就是派了大約三十至四十人到能源部。

能源部官員比照過去，準備了一份五英吋厚、上頭蓋有能源部印戳的資料夾，並打算為新執政團隊提出業務會報。如果換成是希拉蕊勝選，這道程序也不會改變。「沒有改變的必要，」一位前能源部官員說：「我們準備資料時會確保無論是誰當選，報告的內容都是一樣的。」

然而，一整個早上過去，什麼事也沒發生。「第一天，我們一切都準備就緒，」一位前資深白宮官員說：「但是到了第二天，他們還是沒出現。我們開始懷疑，他們到底會不會來？」「大家都在相互打聽，到底怎麼回事？」另一位負責準備交接的官員說：「完全沒有人跟我聯繫，有人跟你們聯繫嗎？」

「選舉結束了，」前能源部次長伊莉莎白・雪沃藍道（Elizabeth Sherwood-Randall）回憶：「他贏了，然後沒消沒息。我們為了隔天的交接做好準備，結果什麼事也沒發生。」整個聯邦政府，幾乎看不到來自川普陣營的人影。

你有七十五天時間，把一切弄清楚

川普的確有派人到幾個部門辦理交接，但顯然搞不清楚狀況。例如有一小組人到了國務院，才知道國務院的簡報屬於機密等級，而川普派去的這群人，沒有一個具備聽取簡報的資格，也全都沒有外交背景。當選後沒多久，川普的女婿庫許納去了一趟白宮，很驚訝於為什麼會有這麼多人即將離職。「他可能以為入主白宮就像併購企業，」一位歐巴馬的白宮官員說：「他以為多數人都會留下來。」

其實，以往有一些即將入主白宮的團隊，也是對政府各部門的角色一無所知。「你總是會懷疑，對方到底知不知道這個部門的主要業務。」一位有過四次政權交接經驗的能源部資深官員說。為了解決這個問題，歐巴馬在他的任期結束前一年，就指派了許多資深官員（其中包括約五十位司法部官員）開始準備各種資料，讓接任者能更容易弄清楚各部門的運作。因為小布希政府曾經也這麼做，對歐巴馬團隊幫助很大，他感激在心，也因此要求底下的官員，同樣必須讓交接過程更順暢。

這可是一項艱鉅的任務，數以千計聯邦政府人員花了大半年時間，為新執政團隊準備了一份清晰的簡報，說明整個政府如何運作。美國政府很可能是地表上最複雜的組織，高達兩百萬名員工必須聽命於四千多位政務官，當初在設計制度時就已經把各種可能運作失靈的狀況都評估在內，所以基層人員都很清楚：上頭的老闆每隔四年或八年就會換人，他們的工作也會在一夜之間——有時是因為選舉，但也可能是因為戰爭或別的政治事件——必須往相反的方向調整。但無論怎麼調整，基本上白宮必須處理的問題大半是技術性的，較少涉及意識形態，歐巴馬政府也盡量讓簡報內容更客觀。

「你不需要贊成我們的政治主張，」一位資深白宮官員說：「你只需要知道我們運作的方式，例如茲卡病毒，就算你不同意我們的因應方式，沒關係，我們的任務不是要你贊成我們的做法，而是讓你知道我們這麼做的原因。」舉例來說，如何阻止病毒擴散？如何進行人口普查？如果有其他國家試圖取得核子武器，該如何因應？如果北韓發射的飛彈射程可以到堪薩斯市，怎麼辦？這些都是技術性問題。新當選的總統所指派負責交接的人，有大約七十五天的時間把一切弄清楚。

竟然找一個石油業說客，來接掌能源部

選舉結束兩個禮拜後，歐巴馬的司法部官員從報上得知，川普成立了一個小型「接管小組」，由湯瑪士．派爾（Thomas Pyle）帶領。派爾當時的身分是美國能源產業聯盟（American Energy Alliance）主席，這個組織是華府的遊說團體之一，背後金主包括艾克森美孚石油公司（ExxonMobil）以及柯氏工業集團（Koch Industries）。派爾過去就曾任職於柯氏公司，負責遊說工作。當時的能源部正計畫逐步

減少美國經濟對高排碳產業的倚賴，派爾則經常撰寫評論，抨擊能源部這項政策。派爾聲稱，他在「登陸小組」的角色是「義務性質」，而且他也簽了保密協定，不能對外透露究竟是誰任命他。

這則新聞，讓能源部官員有了警覺。「我們最早聽說派爾的事，是在感恩節那周的星期一，」當時能源部幕僚長凱文・諾布洛契（Kevin Knobloch）說。「我們傳話給他，說能源部長與次長希望能盡快與他見面，他說很樂意，但得過了感恩節才有空。」

一直到選後一個月，派爾才與能源部長恩納斯・莫尼茲（Ernest Moniz）、次長雪沃藍道與諾布洛契見面。莫尼茲是知名核子科學家，原本任教於麻省理工學院，早在柯林頓時代就擔任能源部次長，被公認（包括共和黨在內）為全世界最了解、也最愛護能源部的人。

但派爾根本不想聽莫尼茲講話，「他似乎沒打算花時間來了解這個部會，」藍道說：「他完全沒帶紙筆來，也沒問什麼問題，大概前後只花了一小時，也沒有再要求與我們見面。」那天碰面後，諾布洛契建議他，可以每周來一次，直到正式就職。派爾當時同意這麼做，但之後卻不見人影。「實在搞不懂他們在想什麼，」諾布洛契說：「能源部一年的預算高達三百億美元，有十一萬名員工，掌管非常關鍵的業務，接下來要交到你手上，你怎麼好像一點都不在乎？」

歐巴馬之所以會找位核子科學家來擔任這個職務，不是沒有原因的。美國與伊朗之間的談判，之所以交給莫尼茲主導，正是因為他最清楚必須要求伊朗放棄哪些核能計畫，才能確實防止伊朗有機會研發出核子武器。諾布洛契在二〇一三年六月加入能源部之前，擔任「科學家關懷協會」（Union of Concerned Scientists）主席，時間長達十年。「我以前長期和能源部合作，自認對能源部非常了解，」他說：「但是，當我真正進到能源部工作，才心想：天啊，我根本只知道能源部的九牛一毛！」

至於能源部次長雪沃藍道，過去有長達三十年時間，都在協助政府減少全球的「大規模毀滅性武器」——美國撤除敘利亞化學武器小組，就是由她領軍。但就像所有進入能源部工作的人，她也漸漸接受了一件大家都得接受的事實：沒有人弄清楚能源部的全貌。回到二〇一三年，當她打電話回家告訴媽媽，歐巴馬邀請她當能源部次長時，媽媽說：「是喔，很好啊，雖然我不知道能源部是幹嘛的，不過，我知道妳一直都是個能量充沛的人，所以妳一定很適合在能源部工作的！」

對於她的工作內容，川普政府的理解程度看起來跟她媽媽的理解程度差不多。儘管一無所知，川普派來的人顯然覺得在接手她的工作之前，完全不必跟她請教任何事。最後，派爾倒是傳了一張清單給她，清單上有七十四個問題，其中有些已經在能源部所提供的簡報上有說明，有些則是簡報上沒有的——

> 可否請妳提供參加過「碳排放社會成本跨部會工作小組」的所有能源部人員與合作廠商名單？
>
> 可否請妳提供過去五年參加過「聯合國氣候變遷大會跨國會議」的所有能源部人員與合作廠商名單？

這代表著川普人馬的心態。「讓我想起麥卡錫主義，」雪沃藍道說。對於派爾所提出的這些問題，雪沃藍道的態度與其他公務員的態度一樣：我們必須尊重民選總統，無論這個人有多惡劣。「當媒體披露派爾提出的問題，雪沃藍道非常難過。」一位前能源部職員說。這些參與會議人員的名單之所以沒有曝光、免受新政府的糟蹋，唯一的原因是歐巴馬政府還沒卸任。「我們不會回答這些問題。」莫尼茲直截了當地回絕了川普陣營。

我只想知道你們是誰，然後修理你們

但是，派爾提出的這些問題被《彭博新聞社》報導出來之後，川普陣營卻否認有這麼一回事。在能源部看來，川普所傳達的訊息很清楚：我不需要你來幫我們弄清楚能源部的角色，我只想知道你們是誰，然後修理你們。

接著沒多久，派爾也消失了，根據一位官員表示，換成一批比較年輕的激進分子進駐能源部。他們自稱「搶灘小組」，「不斷羞辱這裡的人。」一位卸任官員說。「他們似乎覺得政府就只會幹蠢事與壞事，所以政府部門裡的人一定又蠢又壞。」另一位官員表示。他們要求底下的人提供能源部督導的國家級科學實驗室裡，薪水最高的二十人名單，甚至將能源部贊助的科學家通訊錄刪除，切斷科學家們之間的聯繫。「這幫人瘋了，」一位前能源部的人說：「他們完全不做功課，就像無頭蒼蠅。」負責能源部高達六十億美元基礎科學研究計畫的塔拉克・沙（Tarak Shah）說：「我們費盡心思準備交接，照理他們應該安排具備資格的人來辦理交接，但是，他們沒有這麼做。他們連最基本的問題都懶得問。」

在宣誓就職之前，川普交接小組最具體的行動之一，就是企圖找出能源部——以及整個聯邦政府——裡哪些人是歐巴馬所任用的。但其實過去不乏前一任留下來服務下一任政府的官員，例如小布希時代的能源部財務長，就繼續在歐巴馬時代服務了一年半，因為歐巴馬需要借重他在財務上的長才。而歐巴馬卸任前的財務長是喬・賀吉爾（Joe Hezir），一位規規矩矩的公務員，沒有黨派色彩，被公認表現優異，因此他原本期待川普政府會打電話給他，邀請他留任一段時間。

但他沒接到電話，沒有人通知他該去該留，也沒有人來跟他辦理交接，他就這樣默默離開，留下這個一年掌握三百億美元預算的職務。

這是國家重大損失。因為即便只是與這位財務長邊吃午餐邊聊一兩次，就能讓新政府對重大財務風險有所警覺。能源部一年三百億美元的預算中，大約有一半用來維護核子武器。每年花在全世界監控武器等級鈽與鈾元素流向，避免落入恐怖組織之手的經費，也高達二十億美元。光是從二〇一〇到一八的八年間，能源部下的「國家核子安全局」所找到的武器等級鈽與鈾元素，數量就足以製造一百六十顆核子彈。這個部門培訓眾多國際原子能檢查員，世界各國政府之所以無法以核能電廠為掩護、偷偷生產核武等級原料，都得感謝這些檢查員。此外，能源部也提供輻射偵測器材給其他國家，以協助他們防堵恐怖分子將核武等級鈽與鈾元素跨越國境。在美國，能源部也不斷利用鈽與鈾元素進行各種實驗，而且為了執行這些實驗，還大手筆投資下一代超級電腦的研發。

說！歐巴馬如何干涉你，不讓你保護國家安全？

然而，對於能源部所肩負的這些重要任務，川普陣營似乎並不理解。他們對能源部所管轄的核子武器重要性渾然不知，就算知道了也似乎引不起他們的興趣。「基本上，他們只想找麻煩，」一位曾經向「搶灘小組」簡報國家安全問題的官員說：「他們問，歐巴馬如何干涉你，讓你無法好好保護國家安全？」

說到國家安全，能源部的人必須很費勁地向這群人解釋一個關乎國家安全、很敏感的課題，也就是：美國已經不再進行核武試爆，而是透過洛阿拉莫斯（Los Alamos）、利佛摩（Livermore）與桑迪亞（Sandia）三家國家級實驗室，利用舊原料進行模擬測試。

這可不是什麼簡單的測試，而是必須高度仰賴實驗室裡科學家們的專業。這些科學家也因為投入這項計畫，漸漸對武器產生興趣。其實，核能武器只是整個科學大計畫（研究的項目包山包海）的副產品。「我們的核武科學家都不是打從一開始就是核武科學家，」能源部負責核武部門的副處長瑪德琳．克瑞登（Madelyn Creedon）說，她曾經向川普陣營的人簡報，「但是他們不明白，他們問：難道不能從小培養核武科學家、讓孩子從小立志當核武科學家嗎？我說，嗯，不行。」

在川普正式就職之前，能源部裡負責核武的法蘭克．克洛茲（Frank Klotz），必須和部裡其他一百三十七位政務官一起提出辭呈。克洛茲是退役空軍三星中將，同時擁有牛津大學博士學位，隨著川普就職日逼近，沒有人知道誰會來接他的位子，不過他開始打包，清空辦公室裡的書籍與用品。

這時，看不下去的莫尼茲部長打電話給參議員，告訴他們能源部到現在沒有人來交接，參議員們才打電話到川普大樓。於是，就在川普即將就職為美國第四十五任總統的前一天，川普的人緊急打給克洛茲，要他把已經搬回家的家當再搬回能源部，繼續上班。但除了他之外，其他同樣熟悉能源部業務的職員，卻全部捲鋪蓋走人。

就像幼稚園的孩子踢足球，沒人站在該站的位置上

二〇一七年六月初，我去了一趟能源部。那是一棟位在「國家購物中心」旁邊的長方形高腳水泥建築，樣子很怪異，彷彿一棟被推倒的大樓，就那樣橫躺在那裡，實在很醜。至於建築物裡，也簡陋到不行，你會看到一條條長長通道、慘白的地板，「其實，這裡很像醫院，」一位員工說：「就只差沒有擔架。」然而，在這棟寒酸建築裡工作的人，卻肩負著重大任務，一不小心就很可能帶來難以想像的災難。

我抵達華盛頓時，川普已經就任快滿半年，但很多部門主管的職務卻仍然懸缺著。例如直到當時，他都還沒找到專利局（Patent Office）局長，「聯邦緊急管理局」（Federal Emergency Management Agency）也遲遲不見川普派來的主管。還有「交通安全管理局」（Transportation Security Administration）、「疾病管制與預防中心」（Centers for Disease Control and Prevention），也同樣群龍無首。即將來臨的二〇二〇年人口普查工作，正在跟時間賽跑，耽誤不得，但還是不見川普提名任何

人來接掌。「實際上，政府並沒有完成交接，」史帝爾說：「好像幼稚園的孩子在踢足球，大家亂踢一通，沒有人站在自己該站的位置上，而且我不認為川普搞清楚狀況，大家都只對他講好話，沒人跟他講壞消息。」

當年無論是歐巴馬或小布希，就任半年內已經完成提名能源部的十位最高級主管，而且大半已經走馬上任，但川普提名三人，只有一人就任——這人就是前德州州長瑞奇・裴瑞（Rick Perry）。

說到裴瑞，能源部一度突然暴紅正是拜他所賜。二〇一一年共和黨內總統初選辯論上，他說他如果選上總統，將會裁撤聯邦政府中的三個部門，可是當被進一步追問到底是哪三個部門時，他說是商務部、教育部和……，接著就鬼打牆了。「第三個我打算裁撤的部門是……教育……那個……商務……那個……」他眼神茫然，腦袋一片空白：「我想不出……第三個，抱歉。」他後來說，想要裁撤的第三個部門，正是能源部。不過，後來在面對國會審查能源部長任命案的聽證會上，他坦承自己原先其實不知道能源部到底肩負什麼樣的任務，因此他很後悔曾經說過那樣的話。

快搬！川普兒子艾略克的表弟想要用你的辦公室

不過，此刻在能源部工作的人心中想問的是：能源部肩負什麼樣的任務，你「現在」真的知道了嗎？在聽證會上，他說莫尼茲部長為他做的簡報，讓他獲益良多。但我去問了能源部裡的人，裴瑞總共花了多少小時聽莫尼茲簡報？他們大笑，「你用錯時間單位了。」原來，裴瑞只用了不到六十分鐘，與這位地表上最了解能源部的核子科學家見面。「我們做的事情，他一點興趣也沒有，」能源部的人在二〇一七年六月告訴我：「我們進行中的計畫，他從來不聞不問，連一次簡報都沒參與過，在我看來實在難以置信。」

自從提名獲得參議院通過以來，裴瑞的角色非常詭異。對外，他總是正面肯定能源部的各項計畫，對內，他卻一再砍預算、中止這些計畫。除此之外，還有一群自稱「川普派來的」人在能源部裡走動，但沒有人知道他們是誰、來這裡幹嘛。「無論是在白宮或能源部，似乎都有一群親近川普的神祕人士，」一位在政府服務多年的官員說：「真正的決定權（例如預算）似乎都是在他們手上，而不是裴瑞。」有一天，歐巴馬時代負責能源政策的一位分析師，突然接到一通來自能源部的電話，告知她必須馬上搬離現有的辦公室，因為川普兒子艾略克的表弟想要用她的辦公室。憑什麼？可以這樣嗎？沒有人知道。「你可以發現川普時代與歐巴馬時代有一個明顯的差異。」另一位官員說：「他們不把專業放在眼裡，很沒禮貌。他們似乎對公務人員懷著某種敵意，也不願意分享資訊，也因為缺乏溝通，很多事都無法推動，所有政策都停擺。」

能源部有一項計畫，鼓勵企業投入替代能源與提高能源效率的創新研發，這種研發的失敗風險高，因此能源部為企業提供低利貸款。由於其中一家取得貸款的企業索靈德拉（Solyndra）後來還不出錢，使得這項計畫遭到質疑，不過，整體而言，從二〇〇九年推出以來，這項計畫倒是獲利頗豐，投資報酬率很不錯。例如，這項計畫就曾借錢給特斯拉，在加州飛蒙特市設廠，你在路上所看到的每一台特斯拉，背後都有能源部的金援。

還有太陽能，這項科技之所以能夠形成一門產業，得歸功於能源部對太陽能新創企業的資金投注。十年前，美國連一家大型太陽能業者都沒有，但是今天稍具規模的業者已高達三十五家。儘管如此，目前這項計畫已遭到凍結。「沒有人知道接下來該怎麼辦，」一位公務員說：「到底這項計畫還要不要繼續？現在除了我，已經沒有別的人在這個單位，大家都問我有什麼打算。上面還要不要這項計畫？我已經不在乎了，告訴我接下來想怎樣，我就會把事情辦好。」另一位能源部官員說：「交接後最大的改變，就是很多事情都停擺，大家都在問自己為什麼在這裡工作，辦公室裡的士氣很低迷。」

不只一次，我採訪的能源部官員都要求我別寫他們的名字，也別透露他們的身分，因為他們擔心接下來會被秋後算帳。「大家都不太想待下去了，」塔拉克·沙說：「這是很令人難過的事，對能源部也很傷。」通常，最頂尖、最聰明的人才會先離開，因為他們最容易被挖角，找到最高薪的工作。」

這也許是美國歷史上，觀察聯邦政府最有意思的期間，因為歷史上從來沒有任何時候像現在這樣一事無成。

作家夢醒，五億美元落袋之後……

約翰・麥克威廉（John MacWilliam）是在二〇一三年進入能源部，但那原本不是他想要的工作。時間回到一九八〇年初，先後畢業於史丹佛大學與哈佛法學院的他，在紐約一家律師事務所上班，後來跳槽到高盛（Goldman Sachs），專門負責能源產業投資。他在高盛升遷很快，卻也很快發現自己其實對金融業的興趣不高。他對能源產業非常感興趣，但不太關心華爾街。

「有一天我對著鏡子刮鬍子，我問自己：真的要為了錢，繼續待在這一行嗎？」他當時最想做的一件事，是成為一名作家，不過，當他把這個想法告訴高盛的主管時，這位主管一臉同情地看著他說：「約翰，當作家是要有天分的。」當時，三十五歲的麥克威廉存了一點錢（名下有幾十萬美元），決定揮別高盛，去追尋他的作家夢。

接下來的一年，他完成了一部小說，他將作品取名為《火之夢》（*The Fire Dream*）。當時出版社對他的作品一點興趣也沒有，但他不在乎，開始動手寫第二本。但這時他發現，雖然寫第一本小說一氣呵成，第二本就寫得有點勉強了，當初想成為作家的念頭也因此動搖。「最難的一點，是承認自己還滿懷念以前的日子。」於是，他決定從作家夢中醒過來，回到金融業，募集一筆專門投資能源產業的基金。

偏偏就在這時，藍燈書屋一位編輯打電話給他，說讀了《火之夢》愛不釋手，很懊惱自己當初為什麼會看走眼。但對麥克威廉而言，這通電話來得太遲了，他已經斷了當作家的念頭。「我不可能一邊當作家，一邊募集資金。」他說。於是，他把小說束之高閣，和朋友共同創辦了「烽火集團」（Beacon Group），並親自帶領集團內專門投資能源的部門。七年後，他與合夥人把公司賣給了摩根大通銀行，五億美元落袋。

這段期間，他結識了一位核子科學家——莫尼茲。莫尼茲邀請他加入麻省理工學院，共同參與一項核能科技未來的研究計畫。二〇一三年初，即將接掌能源部的莫尼茲力邀麥克威廉與他一起到華盛頓共事。莫尼茲說：「我找他來，是因為我相信我們需要更多人才投入，而且，通常很少有在民間企業很成功的人才，願意來政府部門工作。」麥克威廉說：「其實，我一直希望有機會到政府部門工作，感覺很老派，但我就是這樣。」

話雖如此，麥克威廉其實還是跟一般從政的人非常不同，不僅因為他從來沒當過一天公務員，也因為他完全沒有政治野心。他自認是一個「解決問題」、「設法取得共識」的人。「我從一九八〇年代以來就在投資能源，卻從來沒踏進過能源部，也不覺得自己有必要去關心能源部在幹嘛，他說：「後來我才發現，我錯了。」

剛到能源部那段期間，他完全摸不著頭緒。「這裡什麼都用縮寫，」他說：「他們講的話，我大概只聽懂百分之二、三十。」他決心非把一切搞清楚不可，於是只要逮到機會，他就要同事們把他們的工作內容說給他聽，直到他聽懂為止。

「我大約花了一年時間，才弄清楚這一切。」他說。可以想見，如果連他這樣的人這麼努力也要花上一年，那一般人要花的時間恐怕會更長。

當你在看超級盃足球賽，他們悄悄在現場測量輻射值……

無論如何，他終於搞懂了。一九七〇年代因阿拉伯石油禁運而誕生的能源部，其實與石油的關係不大，而且所扮演的角色早在七〇年代之前，就已經以各種不同的「專案」形式存在於政府中，只是沒正式成為一個「部門」而已。

以二〇一六年來說，能源部大約有一半的預算是用來維護核子武器，以及預防美國遭受核武攻擊。每一年許多重要場合，例如美式足球總決賽超級盃（Super Bowl），能源部都會派一大組人帶著精密設備，到現場去測量輻射值，萬一真有人偷偷放置炸彈可以盡早發現，避免發生難以想像的災難。「他們真的做了很多事情，設法保護國家安全，」麥克威廉說：「這些都不是什麼模擬或演練，而是千真萬確的風險。此外，能源部大約有四分之一的預算，是用來確保世界各地的核子武器被消滅摧毀。剩下最後的那四分之一，才是用來投入各種計畫，確保美國有足夠的能源可用。

這幾項不同的任務都歸能源部所管轄，是有其道理的。首先，核能是能源之一，當然屬於「能源部」管。其次，讓這個掌管核能的部門，同時掌管武器等級核能原料（例如鈽與鈾元素）應該也說得通。最後，既然能源部掌管了鈽與鈾元素的生產，那麼這些元素的銷毀也就順便歸能源部管吧！

不過，真正讓這幾項任務都歸類在一起的主要原因，是因為它們都屬於「大科學」（Big Science）的範疇。大科學需要投入龐大金額，能源部旗下有十七個實驗室，包括布魯克黑文國家實驗室（Brookhaven）、費米國立加速器實驗室（Fermi National Accelerator Lab）、橡樹嶺國家實驗室（Oak Ridge）、普林斯頓電漿物理實驗室（Princeton Plasma Physics Lab）等等。「能源部進行的科學研究，並不是能源部的科學研究，」麥克威廉說：「是整個美國的。我很快就發現，在能源部工作的主要任務，就是處理人類生存的兩大風險：核子武器與氣候變遷。」

能源部裡肩負如此重大任務的公務員，能力之強讓他非常意外（或者該說吃驚）。「很多人常覺得政府養了很多米蟲，坐領高薪卻什麼都沒做。我想這種人在政府部門裡應該是存在的，」他說：「但我在能源部一起工作過的同事都是高手，這裡的文化有點像軍隊。」

通常，聯邦政府公務員是非常謹慎且保守的，是那種聽到下雨機率是百分之四十，就會一整天打著傘的人。但其實他們有時候比你想像中還勇於冒險，例如二○○九年，利比亞內戰爆發兩年後，麥克威廉一位女性屬下就和俄羅斯國安部隊一起，到利比亞境內協助拆除核武原料鈾元素。而且公務員素質之高，也讓他非常意外。「這裡隨處都是科學家，他們看起來木訥、外表不怎麼襯頭，卻是有真材實料的人。」

核廢料桶裡的貓大便，酒駕的鈽元素貨運司機……

莫尼茲給麥克威廉的任務之一，是負責診斷能源部所可能面對的財務風險（畢竟這是麥克威廉的強項）以及「不只是財務風險，其他我們過去沒注意到，或是低估了的風險，也要一併評估。」莫尼茲說。這也意味著，莫尼茲為麥克威廉設了一個前所未有的職位：風險長（Chief Risk Officer）。

身為史上第一位能源部風險長，麥克威廉可以取得所有巨細靡遺的資料。「這個部門有十一萬五千名員工遍布全國各地，任務又多又複雜，每天都會有鳥事發生，」他說。例如，有一項「核廢料隔離先導廠計畫」（Waste Isolation Pilot Plant Project，簡稱 WIPP），是在美國新墨西哥州的鹽床之下，挖一個足球場大的坑洞，然後把核廢料裝在桶子裡，再把桶子放入坑洞中。不過，由於桶子裡的核廢料放射性高且不穩定，因此必須摻入貓大便（信不信由你）。根據能源部一位前官員說，二〇一四年有一家在洛阿拉莫斯（Los Alamos）的承包商誤將「有機」貓大便當成

「無機」貓大便放入桶中，結果造成桶子在坑洞裡爆炸，將核廢料噴得到處都是。承包商聲稱，自己只是按照標準程序執行，因此能源部為了這起意外，除了將這個先導廠關閉三年，還耗費五億美元清理。

類似的突發狀況，在能源部裡簡直沒完沒了，有運載鈽元素的貨車司機，因為酒駕而在半路被警察攔下；田納西州一處存放武器等級核子原料的倉庫，外邊圍籬被一位不知情的八十二歲修女剪斷；一家醫療機構訂了一批鈽元素供研究使用，但經辦人員把小數點弄錯，快遞了一大批鈽元素給對方，按照規定，如此龐大數量的鈽元素必須有武裝人員護送才行，收到這批鈽元素的研究員嚇壞了，差點想請快遞人員把整批鈽元素載回。「在能源部，即便是一般日常會議，常常都會以『你一定不相信，竟然會發生這種事……』為開場。」諾布洛契說。

就像一般企業裡的風險長，必須對企業所面對的所有風險瞭若指掌，擔任這個職務四年的麥克威廉，同樣非常清楚能源部所面對的風險，而且已經準備好交接給下一任總統。「我的團隊把報告都準備齊全，卻不知道可以拿給誰，我也一直沒機會跟總統身邊的人坐下來談，向他們報告我的工作內容。沒有，一次都沒有。這很讓人痛心，因為很多事情其實對於新政府而言很重要，但他們卻不想聽。」

當核子武器不小心被引爆……

我見到他時，他已經離開政府五個月，而我是第一個問他「哪些事情很重要」的人。我拉了張椅子在餐桌邊坐下，想像自己是川普派來的人，聽聽他會怎麼說。我裝出一副自以為是、剛剛走馬上任、對前任政府滿懷戒心的右派分子的樣子與語調，把桌上厚厚的報告推開，然後說：「直接告訴我，我應該知道的最重要五個風險就好，來，從最關鍵的說起。」

但我馬上就踢到鐵板了。因為最重要的風險，正是「發生核武意外」，而關於這件事，只有夠高層級、擁有權限的人才能聽取進一步分析，我當然沒有這項權限。可是我提醒他，川普派來的人也沒有這項權限啊，把我當成他們就行了。「我說話必須非常謹慎。」他說。總之，他要強調的重點是：能源部肩負著一個重大任務，就是確保核武不會搞丟、不會被偷、也絕不能不小心被引爆。「這些都是裴瑞部長每天都得擔心的問題。」他說。

「你的意思是，發生過很恐怖的事？」

他思索了一下，「我們從來沒有搞丟任何核武，」他很謹慎地說：「但不等於意外不會發生。」他又停頓了一下：「我建議你花一個小時，先去了解一下『斷箭』（Broken arrow）。」

「斷箭」是一個軍事用語，指的是一場「沒有導致核武戰爭的核武意外」。麥克威廉一定深入研究過，他告訴我一件發生在一九六一年的事件。這起事件的相關文件大多在二〇一三年（也就是他剛到能源部服務的時候）解密，當時有一台B-52戰機在北卡羅萊納州上空發生意外，兩顆高達四百萬噸的氫彈（每一顆的威力比轟炸廣島的原子彈強大兩百五十倍）掉了下來。其中一顆受到撞擊而解體，但另一顆卻隨著降落傘墜落地面。軍方後來在北卡羅萊納州葛羅斯波洛市（Goldsboro）近郊發現這枚氫彈，氫彈上的四個引爆裝置中，有三個被分解的戰機撞擊而開啟，倘若當時第四個裝置也開啟，那麼北卡州東部一大片地區都會被夷為平地。別忘了，氫彈有可能降落在華府，也可能在人口稠密的紐約。

「之所以拿這起事件來當例子，」麥克威廉說：「是因為這枚炸彈沒有引爆，要歸功於炸彈上的裝置，而這裝置，正是由能源部所設計的。」

為了不讓炸彈在不該引爆的情況下引爆，他說，能源部投入大量時間與金錢研究。他們在加州北部的勞倫斯．利佛摩實驗室（Lawrence Livermore Laboratory，由能源部出資與監管的三家實驗室之一）裡進行實驗，想像一下你到了實驗室，有位彬彬有禮的老兄手上拿著一個壘球大小的材料，要你猜猜那是什麼東西，你可能會猜是某種建築材料行買來的廉價大理石，但是他什麼都不能說，只能告訴你這看似廉價大理石的小東西，在鈽元素中引爆的後果難以想像。倘若這位彬彬有禮的老兄，毫無保留地把一切告訴你，他一定會被抓去坐牢。

這正是麥克威廉來到能源部之後，非常驚訝的一點：這裡竟然藏著這麼多機密。如果你不具備聽取機密的身分，基本上會寸步難行。在這棟大樓裡，有些地方可以討論機密，有些不行。授予他權限的聯邦調查局人員，非常明確地告訴他，聯邦調查局對於很多不良行為，例如外遇、嗑藥等等，會睜一隻眼閉一隻眼，但是絕不能容忍一絲絲的欺瞞。他們問麥克威廉一連串問題，譬如「你是否認識任何主張暴力推翻美國政府的人？」他們還要麥克威廉列出過去七年，所接觸過的每一位外國人名字。對麥克威廉來說，這項要求簡直太離譜——難道你不知道我長期投身全球金融業，定居倫敦與巴黎多年？

但聯邦調查局授予權限給他的人，似乎對這個問題視而不見，他們就是要他交代每一個細節、每一件小事。如果你在取得權限之前，沒有誠實交代這一切（例如你曾經跟俄羅斯大使吃飯）你事後一定會悔不當初——看看川普任命的司法部長傑夫・賽辛斯（Jeff Sessions）吧。

你認真的嗎？你真的認為有人在監聽我們講話？

我們坐在餐桌邊聊天，麥克威廉拿起他的手機。「我們是被監聽的對象，」他說：「你必須假設，自己每一天都在人家的監視之下。」我抬頭看看四周，圍繞我們的是長島美麗幽靜的環境。

「被誰監視？」我問。心想他這話應該只是說說而已。

「俄羅斯、中國。」他說。

「怎樣監視你？」

「我的手機、我的電腦。」

我望著外頭麥克威廉家的寬闊草坪，就算一隻小鳥停靠都一覽無遺。我笑了。

「你認真的嗎？你真的認為有人在監聽我們講話？」

「我可能已經不在他們的監聽對象中了，」他說：「但你一定會被他們監聽。」

我看了看手錶，等一下還有一篇重要的專欄得截稿，還得去訪問幾個人，看看他們知不知道有誰認識「認識柯氏兄弟（Koch brothers）的人」。我心想，如果我是川普政府派來的人，我得確定無論是誰來負責掌管核子武器，這個人都得有本事在沒有裴瑞協助的情況下，搞定每一個風險。

「在你看來，排名第二的風險是什麼？」

「我認為是北韓。」麥克威廉說。

「為什麼？」

麥克威廉解釋，當時的跡象顯示北韓發動攻擊的風險正在提高，那些掉到海裡的北韓飛彈不是什麼瘋子的可笑行為，那是軍事演練。而且顯然整個政府中不只有能源部在關注北韓的軍事演練，那幾個頂尖的實驗室也注意到了。「基於種種原因，情勢正在改變。」麥克威廉很謹慎選擇他的用詞。「出事的風險，很多人會因此死亡的風險大幅提高，不見得是跟核彈有關，也可能是沙林毒氣。」

見他不願意透露更多關於北韓的細節，何況我也沒資格聽機密，於是我接著問：「那第三高的風險是什麼？」

「接下來倒是沒有特定順序了，」他說：「伊朗確定在前五大風險之中。」他在任內目睹莫尼茲參與伊朗核武協議的談判，也很清楚發展核子武器只有三條路，如果伊朗想自行提煉濃縮鈾，得先有離心分離機，如果想提煉鈽元素，則先弄到一台反應器，如果這兩條路都行不通，則是直接到公開市場上購買。無論哪一條路，都逃不過美國國家實驗室的積極監控。「這些實驗室很厲害，我們的安全基本上全仰賴它們，」麥克威廉說：「也因為有這些實驗室，我們可以確切掌握關於伊朗核武的情報。」協議簽署後，美國軍方特別來感謝能源部，因為他們相信這次的談判結果，大大降低了一場中東大戰引爆的風險——萬一不幸引爆，美國勢必被捲入其中。

換個方式說，所謂「伊朗核武風險」，其實並不是伊朗會偷偷研發或取得核子武器，而是美國總統搞不清楚自己國家的核能科學家其實有能力完全掌握伊朗不可能取得核武的情報，然後愚蠢地退出與伊朗之間的協議。這，正是川普做的事。

光是擁有全世界最頂尖核能科學家是不夠的，我們的政治領袖也必須懂得聆聽這些專家的見解、明白專家們的意見。

哎呀，科學家懂什麼？伊朗的事我們會搞定——我彷彿聽到川普的人這麼說。

這個專案，「好到連摩根大通都想染指」……

二〇一七年夏天剛開始，我已經訪問了大約二十位能源部主管及許多資深員工，他們都很清楚自己所服務的部門，肩負著保障國家免於核武威脅的任務，而他們都認為，新政府沒有擔負起這項任務，導致人民如今曝露在極大的風險之中。他們早就習慣於外界不知道能源部在幹嘛（除非他們搞砸了什麼事），「當一切如常，沒有人會注意到你的存在。」史帝爾說。像這樣的單位——專門負責難以收拾的爛攤子——要如何面對如此龐大的壓力？要怎麼激勵士氣？

麥克威廉被找來評估的七百億美元貸款計畫，就是個典型的例子。這筆貸款是國會在二〇〇五年通過，以非常低的利率貸款給企業，鼓勵它們研發出新的能源科技。當初之所以成立能源部，原因之一就是因為民營企業對能源科技的投資太少，「最根本的問題是，沒有一個專責機構來負責我們的能源研發計畫，」史上首任能源部長史勒辛格（James Schlesinger）說：「反對政府投入能源研發的人倒是不少。」例如那些能源業者——石油公司、電力公司等，就非常反對政府出資支持的競爭對手。

能源，基本上被視為金融商品，但大型能源業者在研發上的長期投資，往往不被華爾街重視。真正帶來重大能源突破的研發，往往必須費時數十年才能看到成果，而且需要非常昂貴的科學研發相輔才行，例如新電池的發明，或是太陽能科技的進步。拿頁岩開發技術來說吧，就不是來自民間企業的研發，而是能源部早在二十年前的研究成果。而一旦這項技術成功推出，油價與天然氣價格大跌，美國也朝能源自給自足邁進一大步。太陽能與風力發電是另一個例子，歐巴馬政府在二〇〇九年訂了一個目標，希望在二〇二〇年將太陽能發電成本從每小時千瓦二十七美分，降低到六美分。我寫下這一段的二〇一八年，成本已經來到七美分，全都得歸功於能源部所提供的低利貸款。「只有當能源部證明可行，民間企業才會跟進。」曾經負責督導能源部科學研究計畫的史丹佛大學（Stanford University）教授法蘭克林．歐爾（Franklin Orr）說。

「在創新這件事情上，政府經常扮演非常重要的角色，」麥克威廉說：「從美國立國初期到現在，大部分產業的早期創新，要不是有政府某種程度的帶頭，是不可能發生的，特別是在能源產業。有人說，應該把早期階段的創新交給民間企業來做，這種說法太天真了。我們在創新研發的投資，已經比別的國家低，將來勢必因此付出代價。」

在政治上，這項貸款飽受抨擊。沒有人關心貸款所帶來的諸多成就，反而只顧著批評唯一的失敗案例：索林德拉（Solyndra），大型石油公司與他們右派的政壇朋友們不斷批評政府這項計畫浪費公帑、營私舞弊、愚蠢無比。一個失敗的貸款案件，會讓一項很有價值的計畫成了政治上的燙手山芋。因此麥克威廉決定將整個計畫中的所有貸款案件拿出來一一檢視，看看有沒有類似索林德拉的地雷藏在其中。

結果他一個地雷也沒看到，卻意外發現了一件讓他皺起眉頭的事：能源部的貸款計畫「好到連摩根大通都會想染指」。照能源部的初衷，這項貸款計畫的目的不是要賺錢，而是要支持那種一般企業認為風險太高而不願意投入的創新研發，但他發現，當時能源部支持的貸款計畫居然都賺錢。「我們根本沒在冒險。」麥克威廉說。這種怕賠錢的心態，很容易被外界認為是在圖利企業，反而會傷害這項計畫。

我們最該怕的風險，是那種無論如何都不會相信會發生的事

二〇一七年六月，為了繼續聽麥克威廉告訴我接下來的第四與第五個風險，我從奧瑞岡州的波特蘭市出發，沿著哥倫比亞河一路向東開。大約開了一個小時，兩旁不再是茂密森林，取而代之的是稀稀落落的灌木叢。這景觀實在太奇特了——一條大河穿過一大片荒蕪沙漠，旁邊還有一個巨大無比的水壩。

哥倫比亞河美不勝收，但也象徵著麥克威廉心中的第四風險：電力供應網。美

國的整體水力發電中，這條大河與它的支流占了四成，如果這個水壩運轉失靈，後果不堪設想。

我所採訪過的每一位能源部的人都告訴我，確保電力供應網的安全是最重要的挑戰之一。美國人的生活，已經愈來愈離不開電力。加州在二〇一三年發生過一起事件：有一天深夜，一名熟門熟路的槍手，用一把點三〇口徑來福槍，射下聖荷西東南方的「太平洋瓦電公司」（Pacific Gas and Electric's）位於麥特凱夫（Metcalf）供電站的十七個變壓器，同時有人切斷電纜，阻斷供電站與外界的通訊。「該剪哪條線，他們清清楚楚，」為能源部調查這起事件的塔拉克．沙賀（Tarak Shah）說：「他們也知道該朝哪兒開槍、該打開哪些人孔蓋、裡頭哪些是通訊電纜。蘋果公司、Google 公司的電力供應，正是來自這家供電站。」

由於那一帶供電充足，因此外界沒人注意到這起事件，直到新聞報出來，才引起舉國譁然。「對我們來說，那是一記警鐘。」沙賀說。二〇一六年，能源部統計全國各地電力供應網總共遭受五十萬起駭客攻擊，「這和視而不見全球氣候變遷是兩碼子事，畢竟，氣候變遷的傷害將發生在未知的將來，」歐巴馬資深能源顧問阿里．翟帝（Ali Zaidi）說：「但電力系統面臨的威脅就在眼前，我們沒有儲備多餘的變壓器——因為造價不菲。當有十七個變壓器同時遭到摧毀，可不是什麼小事，顯然我們的電力供應網正面臨愈來愈高的風險。」

麥克威廉提出兩個重點：首先，他說美國其實沒有全國性的電力供應網，而是由許多地區性電力供應網組成，透過聯邦政府居間調配各地的電力供應，換言之，沒有來自民間的調配機制。因此發生前述事件之後，能源部找來各地電力公司的高層主管開會，試著讓大家理解眼前所面臨的威脅。「剛開始他們都認為我們大驚小怪，」麥克威廉說：「但是，當我們給了他們一天權限，聽取能源部機密報告之後，他們全都瞠目結舌。」

他說到的第二個重點是：所謂的「風險管理」，其實多少得靠想像力，可是在研判風險這件事情上，人類的想像力往往不太牢靠。例如，我們往往比較熟悉剛剛發生的危機，也因此比較容易相信同一個危機最可能重演。相反的，我們通常較難去想像一個尚未發生的危機，更別提要如何想像因應與預防之道了。這也正是為什麼莫尼茲要求能源部的人認真「想像」那些「意料之外的風險」。例如，他們曾經假想過一場對於美國東岸電力供應網的攻擊，迫使數以百萬計的美國人必須遷徙到中西部。他們也假想過一場超級颶風侵襲德州的高威斯頓市（Galveston, Texas），或是美西發生大地震，電力全面中斷。

但其實這些風險一點也不算意料之外，也不難想像，很多好萊塢的編劇也都能想到。對麥克威廉而言，真正意料之外的風險倘若真的爆發，很可能不會是那種人們所熟悉的災難，而且很可能不是任何單一因素所造成。只要是可以輕易想像到的，都不能算是意料之外的風險。「如果要你想像出可能害死你的災難，但只要你能想得出來的，應該就不是我們要找的答案。」他說：「我們要找的，是系統性的、幾乎無法偵測的風險。」

換句話說，我們最該害怕的風險，不是那種可以隨口說出來的，而是我們無論如何都不會相信會發生的事。這，就是我們接下來要講到的「第五風暴」。

BAFU，Billions and All Fucked Up

麥克威廉把他部門所列出的大約一百五十種風險，製作成一個簡單的圖表，圖表上有兩個坐標，其中X軸是「風暴發生的機率」，Y軸是「風暴後果嚴重的程度」，他一一將每一種風險放到坐標圖的四個象限上。例如：一枚核彈在德州引爆——嚴重程度高、發生機率低；能源部設備遭人破壞——發生機率高、嚴重程度低。以此類推。

製作這個圖，最主要目的是要讓能源部的同仁們特別關注最棘手的象限——「發生機率高、嚴重程度高」——裡的風險。結果他發現，落在這個象限的風險，幾乎都與能源部所掌管、金額龐大的計畫有關。他甚至為這些風險取了個代號——BAFU，也就是Billions and All Fucked Up（數十億全搞砸了）的縮寫。

接著我問他，第五大風險是什麼？他想了想，然後鬆了一口氣的樣子。因為談這個風險，與什麼高度機密無關，他可以暢所欲言。

「這個風險就是：計畫管理（Project Management）。」他說。

德國科學家在一九三八年十二月發現核裂變（uranium fission），美國科學家恩里科．費米（Enrico Fermi）為此發表了一篇報告。一九三九年，愛因斯坦讀了費米的報告後，寫了一封信給小羅斯福總統（Franklin Roosevelt）。這封信，正是能源部誕生的源起。

一九四〇年代，美國政府認為如果要護衛民主，就必須在製造原子彈這件事情上擊敗希特勒才行。而要製造原子彈有兩個方式：一是用鈾元素，二是用鈽元素。一九四三年初，華盛頓東部一片相當於半個羅德島大的地區，居民被美國軍方要求撤離，因為美軍打算在這裡生產核子武器所需要的大量鈽元素。之所以選擇漢福特（Hanford），原因之一是它鄰近哥倫比亞河，河水可以發電，也是理想的冷卻劑。而且這裡人煙罕至，萬一發生意外，或是遭受敵人攻擊，才不會牽連慘重。當然，也是因為這一帶居民很窮，安排他們撤離的代價不高。

從一九四三年到一九八七年（也就是漢福特關閉最後一個反應爐那一年）這段

期間，美國軍方所需要鈽元素中，有三分之二來自此地，這裡也供應美國七萬種核武所需原料。但關閉之後，所需要的善後工程規模之龐大，也令人咋舌。「鈽非常難製造，」麥克威廉說：「也非常難清除乾淨。」一九八〇年代末期，華盛頓州當局才明白這項任務有多麼艱難。經過一連串交涉後，美國軍方承諾會讓漢福特恢復到——借用麥克威廉的話來說——「孩子連地上的沙都能吃」的狀態。

換言之，漢福特原本肩負著「製造」鈽元素的任務，如今則以「清除」鈽元素為己任。鈽元素工廠結束前，這裡有九千名員工，工廠關閉後，這裡同樣有九千員工，而且薪水比先前更高。麥克威廉說：「看到自己的國家願意投入該投入的時間、花該花的錢，來清除冷戰時期留下的爛攤子，這點讓人欣慰。在俄羅斯，他們直接用水泥把整座工廠封起來，再也不去理它。」當我問他到底得花多少代價，才能讓漢福特恢復原狀？他說：「一百年，以及一千億美元吧！」這，應該是最保守的估計。

每一年，能源部會撥出約三十億美元，總預算中的百分之十到這個小地方，而且將來應該會繼續撥款，直到鈽元素後遺症被徹底清除為止。目前，這一區被稱為「三城地帶」（Tri-Cities area），人口密集，發展也很蓬勃——河上有遊艇、餐廳裡有賣一瓶三百美元的高檔紅酒。這裡所面對最大的麻煩，已經不再是發生什麼核爆意外，而是聯邦政府決定不再理它、刪除能源部的善後預算。偏偏川普政府就任後，正打算這麼做。諷刺的是，川普在這一區大贏了二十五個百分點。

你不關心，當然就看不到危機

有一天早上，兩位在地人帶著我開著車，到最需要繼續整治的區域。我腿上放著一本專門給訪客的說明，「一旦發現任何外洩，須立即回報。」說明書上，有各種提醒。「全世界沒有任何國家像我們一樣，有這麼多的核廢料。例如鍶元素（strontium 90），就不會有哪個國家比我們多。還有鉻（Chromium）、氚（tritium）、四氯化碳（carbon tetrachloride）、碘（iodine）等各種鈽工廠所留下的廢棄物，都存在於漢福特的地下水裡。美國還有其他存放核廢料的地方，但總體而言光是漢福特這裡就占了三分之二。

這一帶目前愈來愈荒涼，絕大多數老工廠仍然矗立，例如一九四〇年代所蓋的九座反應爐，就位於哥倫比亞河沿岸，大門深鎖，等待著被時間腐蝕——也許還需要一百年。「非常陰寒，我們都這樣形容，」其中一位嚮導說：「有時候，你會看到響尾蛇等小動物跑到這些反應爐去。」

在這裡，你還可以看到許多印地安人的墓地，以及內茲珀斯（Nez Perce）、尤瑪蒂拉（Umatilla）、雅卡瑪（Yakama）等原住民聚集區，白人抵達這裡之前的一萬三千年前，這塊地屬於原住民，看在他們眼中，美國人的歷史太短了。「你們只在這裡兩百年，你們也只能想像未來兩百年，」一位內茲珀斯發言人告訴我：「我們在這裡成千上萬年了，而且會繼續留在這裡，有一天這裡一草一木都將屬於我們。」也許吧，但二〇一四年能源部就已經發出一封信給當地原住民，盡量別吃在河裡捕撈的魚。

就在這時，一隻駝鹿從我們的車子前跳過。從一九四三年起，這一帶就禁止打獵，因此隨處可見各種動物——鵝、鴨子、獅子、兔子、駝鹿、麋鹿等。有很長一段時間（這點讓我非常吃驚），沒有人關心輻射線對周遭人與動物所帶來的影響。漸漸地，附近居民發現異常高的流產率、癌症等問題。「當你完全不關心，你當然看不到輻射線對健康的威脅。」勞倫斯．利佛摩實驗室一位醫學主任曾經說。馬里蘭大學歷史學家凱特．布朗（Kate Brown）在她震撼世人的著作《鈽托邦》（*Plutopia*）中，比較了漢福特與蘇聯的核武基地奧焦爾斯克（Ozersk），結果發現美國人對輻射線危害的認識，甚至還不如蘇聯。在蘇聯，至少政府知道真相，也知道如何守住祕密，但美國基本上是避而不談這件事。一九六二年，一位名叫阿達爾（Harold Aardal）的員工因為曝露在輻射線下，被緊急送醫，但醫院卻告訴他一切正常，只是不能再生育而已。這起事件沒有見報，當然也沒有引起任何關注。直到一九六〇年代末期，研究人員才跑到當地監獄付費給坐牢中的犯人，研究輻射線對生殖能力的影響。

當一個社會習慣了以短線思考，來面對長期問題

我們的車經過著名的「T廠區」，那是一棟好長的灰色水泥建築，專門處理核子反應爐所排出的核廢料。這座「陰寒」的建築，被外界長期忽略。例如當年投下長崎的那顆原子彈，含有十四磅的鈽，而提煉這十四磅鈽所產生的核廢料，數量多得驚人——上百萬加侖的「高濃度核廢料」，裝在高達一百七十七個大桶子裡，每個桶子相當於一棟四層樓公寓那麼大，埋在漢福特土地深處，當地人稱之為「桶子農場」（tank farm）。具體的說，這些桶子裡共有高達五千六百萬加侖被標示「高濃度核廢料」。

你也許會問，到底什麼是「高濃度核廢料」？「就是非常、非常危險的東西。」湯姆・卡本特（Tom Carpenter）說。卡本特是一個名叫「漢福特的挑戰」（Hanford Challenge）組織的執行總幹事，該組織從一九八〇年代以來負責監控當地的核廢料。「只要暴露在這種東西幾秒鐘，很可能就沒命了。」他說。

儘管如此，當你開車經過這片「桶子農場」，你不會發現有任何異狀。多虧了在裡頭工作的員工爆料，我們才對這個問題有所理解，但由於這座工廠是當地居民的衣食父母，因此爆料的員工往往被居民排擠。「愈接近危險的人，往往愈抗拒理解危險。」布朗在她的書裡說。

在漢福特的桶子農場中，有一百四十九個桶子一開始就設計不良，無法安全地儲存高輻射量的核廢料。其中有六十七個桶子後來發生損毀，造成輻射外洩。由於每個桶子所儲存的核廢料有截然不同的化學組成成分，因此每個桶子都必須單獨管理。很多桶子上方，累積著大量氫氣，處理不善就可能會被引爆。「在這裡，隨時都有可能發生廣島等級的災難。」卡本特說。

回到一九四〇、五〇年代，利用鈽元素生產第一顆原子彈的那些人，對於核廢料該怎麼處理壓根兒沒想太多，他們直接把一億兩千萬加侖的「高濃度核廢料」，以及四千四百四十億加侖受汙染的水排放到地下。他們把鈾（半衰期長達四十五億年）存放在哥倫比亞河邊，他們挖了一條四十二英里長的壕溝，來放置固態核廢料，而且至今有多少核廢料丟置在壕溝裡也沒有完整的紀錄。二〇一七年五月初，漢福特一條建於一九五〇年代，用來存放低輻射核廢料的管線破了個大洞，工人緊急用大量泥土填補，結果如今這些泥土也成了必須被處理的低輻射核廢料。「漢福特的善後工作之所以這麼糟，如果用一句話來總結，就是：貪圖捷徑，」卡本特說：「走太多捷徑了。」

我們還可以換個方式，來定義麥克威廉口中的第五個風險，也就是：當一個社會習慣了以短線思考，來面對長期問題，這個社會就會陷入第五風暴之中。「計畫管理」不僅是在管理各種計畫，而是要管理那些你難以想像、你以為絕對不會發生的危機。每一位新任總統所面對的危機當中，有些會在短時間內爆發，例如大規模傳染病、颶風肆虐、恐怖攻擊等，但絕大多數危機不是如此，而是像一顆引信很長的炸彈，要更長時間才會引爆——也可能不會爆。例如，一再疏於維修一條塞滿核廢料的管線，也許平常沒事，但也許有一天，管線會破了個大洞。或是員工年齡漸長的能源部（因為愈來愈少年輕人願意投身這個部門），或許有一天會搞不清楚核子彈的流向。還有，在科技競爭上敗給中國、創新停止、知識停滯等，都算是第五風暴。

無知有時候是好事，知識有時候是負擔

卸任能源部長前不久，莫尼茲要求能源部同仁針對漢福特所面臨的威脅，進行史上第一次深入調查。當這些威脅被揭露，大家就會明白，把這裡改建為遊樂園是多麼天真的想法。或許，美國政府應該繼續在周圍豎立高高的柵欄，同時立個碑，來紀念這段「計畫管理」失敗的歷史。或許，實驗室裡的科學家們能想出辦法，如何不讓這些輻射廢料被排放到哥倫比亞河裡。或許，這壓根兒就不該是能源部的問題，因為這個問題根本沒有解方，而當問題無法解決，高昂的政治代價也會回過頭來削弱能源部解決問題的能力。

莫尼茲發現，其實根本沒有多少人想弄清楚漢福特面臨哪些威脅：承包商怕萬

一出問題，自己得負責任；負責監督整個過程的能源部員工，同樣怕給自己惹麻煩；至於那些仰賴聯邦政府每年三十億美元預算的居民，也不想知道這麼多。唯一想弄清楚這片土地到底出了什麼問題的人，是原住民部落。但究竟核廢料帶來什麼後果，至今仍沒有人能說得清楚。

這一點，正中川普政府下懷。如果你一心只想極大化自己的短期利益、不在乎長期而言必須付出的代價，那麼最好的策略就是完全不去理會什麼是長期代價。如果你想跟棘手的難題保持距離，最好的策略就是不要去知道難題有多麼棘手。無知有時候是件好事，而知識有時候是種負擔——知識往往會給我們帶來壓力。對一個凡事想便宜行事的人而言，知識是一種麻煩。

有一個例子，最能代表川普這種「我最好什麼都不知道」的態度。能源部底下有一個小型專案，名稱是一組字母，叫做「ARPA-E」（Advanced Research Projects Agency -Energy 的縮寫，中譯為「能源高等研究計畫署」）。ARPA-E是小布希時代所成立的新單位，功能相當於國防部底下的DARPA（Defense Advanced Research Projects Agency的縮寫，中譯為「國防高等研究計畫署」）——負責獎助各種研發，例如網際網路、GPS等許多新科技，就是歸功於DARPA。相較於整個能源部的預算，這個新單位的規模很小，一年只有三億美元，專門提供小額經費給研究者，希望有一天能帶來改變世界的好創新。如果你自認能利用陽光製造水，或是發明一種當屋外愈熱、屋內愈涼快的建材，來找ARPA-E就對了。不，應該說你只能來找ARPA-E。在美國，每個時代都有許多很聰明的人，滿懷改變世界的大膽點子，這也許是我們這個社會最棒的特色之一。當初之所以成立ARPA-E，就是希望能補助那些缺乏足夠經費的好點子，讓這些點子能有多一點成功的機會。爭取這筆經費的人很多，大約每一百位申請者當中，只有兩位能成功拿到錢。負責審核的人，有些來自能源產業，有些來自學術界，他們平常在英特爾或哈佛大學上班，偶爾才到能源部來開會。

剛成立時，負責帶領這個單位的人名叫亞倫·馬君達（Arun Majumdar）。他在印度成長，在機械系以優異成績畢業後來到美國，成為一位世界級的材料科學家。目前任教於史丹福大學的馬君達，是每一所大學都想爭取的學者，當他被邀請擔任ARPA-E負責人時，他向學校請長假搬到華府。「這個國家待我如己出，」他說：「因此當有人說國家需要我，我無法拒絕。」他唯一的要求，是希望能把ARPA-E設在能源部大樓附近的另一個小辦公室。「能源部的風水實在很糟。」他說。

一上任，他就面臨來自右派智庫的抨擊。美國傳統基金會（The Heritage Foundation）甚至在二〇一一年具體建議廢除ARPA-E。對這位印度移民而言，美國政治是他所不熟悉的領域。「民主黨、共和黨，這兩個大黨到底在幹嘛？」他說：「而且為什麼美國人都不願投票？在印度，人民會為了投票，不惜在大太陽底下排隊。」他打電話給傳統基金會的人，原本是打算邀請對方來了解廢除ARPA-E有多麼可惜，結果他反倒被基金會的人邀請去一起用午餐，「他們很客氣，」馬君達說：「但他們什麼都不懂，他們完全跟科學研究八竿子打不著關係，他們都是搞意識形態的，他們要強調的重點是：政府管愈少愈好，一切可以交給自由市場決定。但我告訴他們，市場不會自己走進實驗室，去測試哪些點子會成功、哪些不會。」

那天的午宴上，有位女士是傳統基金會的金主。聽完馬君達介紹了ARPA-E的角色，以及自由市場不看好，但ARPA-E願意支助的各種可能改變世界的點子後，這位女士突然眼睛一亮，問到：「所以你們就像DARPA？」馬君達說，是的。「我是DARPA的鐵粉啊！」這位女士說。原來，她兒子曾參與伊拉克戰爭，多虧了凱芙拉（Kevlar）背心才保住一條命。而凱芙拉背心的誕生，正歸功於DARPA。

傳統基金會的人婉拒了馬君達的邀請，沒有前往能源部看看ARPA-E的工作，不過，馬君達後來發現，基金會已經改變心意，ARPA-E的預算被保留下來。

當我開車離開漢福特時，川普政府公布了最新的能源部年度預算案。ARPA-E獲得多位企業家的肯定，例如比爾·蓋茲、前沃爾瑪CEO李·史考特（Lee Scott）、聯邦快遞創辦人佛瑞德・史密斯（Fred Smith）等。史密斯甚至說：「很難看到有任何政府部門，比ARPA-E更有效率。」

但是，川普的預算案中，仍然全數刪除了ARPA-E的經費，也把成效卓著的七百億貸款計畫一筆勾銷，幾個國家實驗室的預算也被大砍，意味著有高達六千人即將失業。所有關於氣候變遷的預算，都被川普刪除。還有，負責確保變電系統安全、免於美國因天災人禍而停電的工作，預算也被腰斬。「所有風險評估，都是有科學根據的，」看到川普預算案的麥克威廉說：「你不可以憑自己的主觀判斷推翻科學，這麼做只會傷害這個國家。當你摧毀了能源部的核心任務，你等於是在摧毀國家。」

當然，你的確可以這麼做。如果你只想強化某種偏見，當然得把科學甩到一邊去。川普預算案的背後，是一種糟糕的心態：自以為是。這種心態不是川普所獨創，他只是這種心態的代表人物。

第二部

七個小方格，令人垂涎的百億預算……

農業部——從食品安全到偏鄉發展，包山包海的業務

1872 年，一個農夫餵飽 4 個人，今天，155 人；

1950 年，一頭牛生產 5300 磅牛奶，今天，23000 磅……

一九九三年，年僅五歲的阿里・賽迪（Ali Zaidi）遠從巴基斯坦來到美國。有些美國人就算是很短距離的搬遷，例如從曼哈頓搬到康乃狄克州格林威治，家長都會擔心孩子適應不良、心靈受創，這在他看來簡直不可思議。對他的父母而言，就算把兒子放在火箭裡送上月球，可能眼睛都不會眨一下。

當年，他父親想攻讀教育行政，聽說賓州西北部的愛丁波羅大學（Edinboro University）有這個科系，於是帶著賽迪離開住著超過八百萬穆斯林的城市喀拉蚩，輾轉來到擁有七千名基督徒的城鎮。「我們家原本算是巴基斯坦的中上階層，但是到了這裡，卻連中產階級都擠不上。」賽迪回憶說。愛丁波羅市本來就不是個富有的城市，但賽迪感覺自己似乎比其他同學還窮，「當你看到其他小孩的營養午餐要付一・五美元，我只需要付五十美分，你心裡就會感覺這其中必定有原因，只是你不清楚是怎麼一回事。」其實，他也沒有什麼特別理由非弄清楚原委不可，但還是讓自己明白了一切，而且是以一種讓人意想不到的方式。

他從小對政治很有興趣，這對他日後的發展非常有幫助，他也從父母身上學到很多。「他們花很多時間談社會問題、談對與錯、談正義、談我們肩上的責任，」阿里說。在賓州鄉下，多數居民都是共和黨支持者，阿里也成了其中一員。「我相信個人責任，」阿里說：「當大家基於服務社區的信念而聚集在一起，實在是很棒的一件事，他們不只是關心自己，也關心別人。」還在念中學的他，加入了由美國前國務卿柯林．鮑威爾和妻子艾瑪（Colin and Alma Powell）成立的基金會「美國希望聯盟」（America's Promise Alliance），幫助貧窮兒童。他也加入小布希競選團隊，挨家挨戶尋求支持。他參加田徑競賽，在四百米短跑項目取得優異成績。他足智多謀，又有企圖心，而且學校課業表現優秀。

風災過後，手電筒該不該漲價？

有一次他們全家一起到波士頓旅行，他也第一次參觀哈佛大學校園，他下定決心，將來要來讀這所大學——當時的他，壓根沒想到如何支付哈佛昂貴的學費。高中老師跟他說，哈佛大學有點太遙遠，因此鼓勵他申請賓州州立大學或賓州大學就好，他知道老師們是擔心他對自己期望太高最後會很失望。不過，他還是申請了哈佛大學，而且是「只」申請哈佛，他說：「你已經申請了一所大學，為什麼還要浪費時間申請另一所？」

哈佛大學錄取了阿里，並提供獎學金，阿里成了二〇〇八學年度的哈佛大學新生。同時間，美國希望聯盟高層正好途經賓州鄉間，與當地志工會面，阿里也出席了。沒想到，希望聯盟董事長愛瑪．鮑威爾竟然邀請他加入希望聯盟董事會。阿里覺得太誇張了，聯盟董事會的成員都是共和黨有頭有臉的政治人物或企業執行長。「我覺得太不可思議了，」阿里說：「他們安排我飛到華盛頓，並安排我住飯店。」之後，伊拉克戰爭開打，爆發關塔那摩灣監獄事件。雖然共和黨裡對他穆斯林同胞抱持敵意的人不少，但阿里仍留在共和黨。

卡崔納颶風重創墨西哥灣沿岸之後的六、七個月，阿里和美國希望聯盟前往援助。在紐奧良，他目睹了過去無法想像的貧窮。「他們必須重建這些學校，那裡的小孩都非常雀躍。」他說。但是他發現，孩子們並不是因為看到學校重建而開心，他們之所以開心，是因為他們終於可以有一間比較像樣的學校可念了。如果你問阿里，前往紐奧良之前，他如何看待那些生活拮据的人？他可能會說：「我爸媽一定會重新再說一遍：有什麼大不了的？吃點苦算什麼！」目睹卡崔納颶風過後當地小孩，「我非常吃驚，這些幼稚園的孩子起碼應該得到公平的機會。我第一次明白：原來，一個人所處的環境，會決定他所可能擁有的機會。」

現在他知道，貧窮問題遠比他想的複雜。他很慶幸自己擁有很棒的父母，在好的社區成長。他想起自己第一次穿著釘鞋賽跑的情景。「你感覺自己快飛起來了。」他在紐奧良遇見的孩子們，也會希望自己的人生能像這樣飛起來，但他們沒有阿里所擁有的釘鞋。「有人說，紐奧良人正在利用所擁有的一切資源擺脫困境，但其實，他們根本什麼資源都沒有。」

阿里回到哈佛，加入哈佛大學的共和黨俱樂部。表面上，他的生活跟以前一樣，但骨子裡他已經是另一個人了，有些政治觀點他再也難以認同。有一天他參加哈佛兩位最知名教授的辯論，一位是鼎鼎大名的哲學家邁可．桑德爾（Michael Sandel），另一位是當時擔任小布希總統經濟顧問的經濟學家格雷格．曼基（Greg Mankiw）。「有位聽眾起身提問，『如果你是商店老闆，在卡崔納颶風過後，你應該提高手電筒價格嗎？』曼基毫不猶豫地回答說：應該。」當時阿里心想，曼基是個好老師，但他的答案錯了。我們不能只重視市場效率，我們也必須重視身為人的價值。「當時我心想，天啊，看來我不適合當共和黨員。」

一年後，他去聽一位伊利諾州年輕參議員演講，此人正是歐巴馬（Barack Obama）。歐巴馬的一句話一直縈繞阿里腦中：「貧窮，不是我們要的家庭價值。」於是他加入歐巴馬競選團隊，擔任活動召集人。兩年後，他自哈佛大學畢業，歐巴馬當選美國總統。阿里知道他應該有機會在新政府爭取到一個資淺的職位。「我已經下定決心，無論如何我應該要選擇不怎麼有趣、且男性居多的部門。」最後他選擇了白宮的預算管理局。他在新政府的第一份工作，就是將資深長官所條列的數據，改寫成一般人也能看懂的文件。

第一次看農業部預算書，才發現……

有一天，他收到美國農業部（The Department of Agriculture，簡稱 USDA）的預算書，「當時我心想，既然叫農業部，應該就是拿錢給農民耕種的單位吧！」這是他第一次有機會仔細研究這個政府部門究竟在做什麼，結果發現他一直被「美國農業部」這名稱誤導了，事實上，這個部門的工作內容，絕大多數與農業一點關係也沒有。

舉個例子來說，農業部底下其中一項業務，是管理全美國一億九千三百多公頃的森林與草原。農業部也負責管理美國人吃下肚的所有動物，包括每年高達九十億隻的雞隻。此外，農業部之下還有各項大型科學研究計畫、多架用於空中消防的飛機，以及一家擁有二千二百億美元資產的銀行。還有，他們監控鯰魚養殖場、他們位在華盛頓特區的總部擁有一座射擊場、他們在屋頂興建養蜂場，用來研究蜂群崩潰症候群。在農業部工作的員工有時還會玩一種遊戲，稱為「這是農業部的業務嗎？」——先由某個人說出政府部門的某項奇特業務（例如，施放煙火驅離太過靠近機場的加拿大雁），然後由另一個人猜猜看，這是否屬於農業部的業務（施放煙火驅離加拿大雁，真的是歸農業部管）。

農業部每年編列的龐大預算（二〇一六年為一六四〇億美元）中，實際運用在農業的部分相當少，但農業部必須負責補助和管理所有美國農村的活動，例如針對貧窮家庭的小孩提供免費營養午餐。阿里說：「我看著預算書的內容，才知道原來我們家以前住過的公寓、我們去過的醫院、消防隊、鎮上的水源、電力等等，都是農業部補助的，就連我所吃的食物都是由他們支付的。」

二〇一六年大選後，農業部員工為即將上任的川普團隊製作了詳細的交接報告，全部的文件厚達二千三百頁，裝訂成十三大冊。部門內許多員工是在農場或農場附近長大，在他們眼中，農業部是個務實的單位，自認跨黨派，比較沒有鮮明的意識形態。「我們希望能讓川普政府感受到我們的誠意，」其中一位負責交接計畫的員工說：「我們設法為他們打造很棒的辦公空間。」

為了接待川普團隊，農業部員工特別安排設備最好的行政大樓——威頓大樓——位於頂樓最好的辦公室，這裡擁有絕佳的視野，可遠眺國家廣場。他們從農業部豐富的收藏品中，挑選出最精采的攝影作品掛在牆上。他們重新採購電腦和辦公設備，建立新的工作站。後來當他們得知，川普所指派負責來農業部辦理交接的負責人，是曾經替百事可樂公司從事政治遊說工作的喬爾・列福特威區（Joel Leftwich）時，他們還特地買了一台迷你冰箱，裡面擺滿了百事可樂。

這就是他們在農業部工作的方式。他們不會想「川普怎麼可以讓一個向美國孩童推銷含糖飲料的人，來接手這個對兒童飲食擁有最大影響力的聯邦政府部門？」相反地，他們是這麼想的：聽說，他是個好人！

把資料從官網刪除，不可以再講什麼「氣候變遷」！

選後第一天，沒有人現身。到了第二天，依舊不見人影。

這太奇怪了。八年前，歐巴馬當選後的第一天，就派遣團隊來到農業部，更早之前的小布希也是如此。

第二天快接近下班時間，農業部員工只好主動打電話給白宮，詢問究竟發生什麼事。「白宮告訴我們，他們星期一會來。」其中一名員工說。但是到了星期一早上，農業部所有員工再度打起精神，準備要熱情接待新白宮團隊，結果還是沒有人出現。

接下來一個星期，都沒有任何回音。直到十一月二十二日，列福特威區才短暫現身一個小時。「我們原本以為，美國農村選民用選票助川普坐上總統大位，所以他一定會最先派人到農業部，」交接小組專員說：「結果，他完全不聞不問。」

選後一個多月，川普交接小組終於出現在農業部。ㄟ，也不能叫小組，因為只有一個人，這人就是「保護豐收組織」（Protect the Harvest）負責人布萊恩・克里潘恩斯坦（Brian Klippenstein）。「保護豐收組織」是由印第安納州石油大亨、大地主、川普支持者佛瑞斯特・盧卡斯（Forrest Lucas）所創辦，組織的使命宣言寫著「保護人民狩獵、釣魚、耕種、食肉、擁有動物的權利」，但事實上他們的主要目的，是要對抗像「人道社會」（Humane Society）這類動物保護團體。發起「保護豐收組織」的人顯然很擔心，如果愈來愈多人友善對待動物，就會有愈來愈少人食用動物。「這是一個非常詭異的組織。」常為《國家地理雜誌》（*National Geographic*）撰寫動物福利相關文章的瑞秋・貝爾（Rachael Bale）寫道。

農業部的職責之一，是管理人類與動物之間的衝突，例如當有人虐待動物，農業部就會採取法律行動。而川普竟然指派一個不關心動物福利的人，來接手農業部這項任務。儘管如此，農業部員工仍保持風度，沒有把川普派這種人來農業部的消息洩露給媒體，也沒有辭職表示抗議。

過程中，克里潘恩斯坦甚至只關心一件事，這件事無關動物保護，而是氣候變遷。「他到農業部來，是想知道這裡哪些人負責氣候變遷，」一位前農業部員工說：「他想知道負責氣候變遷業務的工作人員名字，但農業部交接小組委婉地拒絕了他的要求。」

老克（這是外界對克里潘恩斯坦的暱稱）告訴他們，交接工作搞定後，他就會回到密蘇里州的小牧場。但農業部員工都知道，老克顯然還沒搞清楚狀況：沒有任何人能完全搞懂農業部的所有業務。川普就職典禮前的幾個星期，克里潘恩斯坦與另外三位川普的人馬共四人，說要來聽農業部的簡報。結果，那天光是介紹農業部旗下的科學研究單位，就花了一個小時。一位前白宮資深官員說：「多數的聯邦政府單位不會舉行這種簡報，他們這麼做，只是為了作秀，川普派這些人這麼做的目的，只是為了告訴大眾他們有在認真交接。」

過去，總統就職典禮當天，農業部都會暫停辦公。因為農業部是唯一有辦公大樓設在國家廣場的政府單位。這棟曾是實驗農場的大樓，在就職典禮當天必須作為國民警衛隊與特勤局的後勤補給站。然而，就職典禮舉行前，一位川普代表打電話給農業部，說他希望當天農業部能夠照常上班，因為會有三十多名新進人員報到。

為什麼？這些新人為什麼這麼急著上班？為什麼要大費周章地讓當天原本沒有人辦公的大樓開門運作？更何況，在就職典禮當天要讓這些人進入辦公大樓相當麻煩，通常大樓的樓頂有狙擊手，地鐵站也會暫時關閉。一位歐巴馬交接小組的成員質疑，總統人事辦公室怎麼可能如此快速地完成這些新進人員的資格審查？

九個月後，著名網媒《政治家》刊登了一篇報導，揭露這些新進人員被錄用的過程，令人瞠目結舌。要知道，農業部這些職務當中有些年薪將近八萬美元，但《政治家》記者珍妮．霍普金森（Jenny Hopkinson）取得這批新進人員的個人履歷發現，川普指派來接任的人當中有卡車司機、電信公司職員、天然氣公司抄錶員、鄉村俱樂部度假小屋房務員、共和黨全國委員會實習生、香氛蠟燭公司老闆等等，這些人的履歷表上列出的工作技能，竟然有一項是「令人愉悅的行為舉止」。「許多（新進人員）只擁有少許或完全沒有任何聯邦政策的經驗，更不用說對農業有多深入認識，」霍普金森寫道：「有些人甚至沒有取得政府高階工作所需的證書，例如大學學位。」

但她指出，這些人都有一個共通點，就是：對川普死忠。

這些新進人員開始工作後九個月，某位對於這場荒腔走板交接過程非常了解的消息人士，無法告訴我仍有多少人在農業部，但這些人留下的工作紀錄，令人匪夷所思。例如他們發公函給那些（他們認為）與歐巴馬政府關係密切的資深公務員，把他們調離原本擅長的職務，轉調他處；他們下令農業部員工，不得使用「氣候變遷」字眼；他們將所有企業虐待動物（像是路邊馬戲團、犬隻繁殖場、研究室等）的紀錄，自官方網站中刪除。當《國家地理雜誌》記者聯繫農業部詢問虐待動物相關問題時，「他們告訴我，必須依據《資訊自由法》的規定提出申請才行，」貝爾說：「我們提出申請，結果它們寄給我一份厚達一千七百頁內容完全被遮蓋、無法閱讀的文件。」

那年夏天快結束時，我去查了一下資料，發現農業部需要參議院同意的十四個資深職務當中，直到四月，只有一人到職：前喬治亞州州長桑尼．帕度（Sonny Perdue），出任農業部長。

七個小方格，你認識幾個？

我拜訪許多農業部主管（包括前任部長和副部長），不論對方是共和黨或民主黨，他們都一致認為：要快速弄懂農業部業務，最好的方法就是從農業部組織圖的七個小方格（如附圖）開始。

舉例來說，如果你想知道加拿大雁在紐約拉瓜地亞機場跑道閒逛，會不會導致你的班機必須在哈德遜河緊急迫降，你可以去找「行銷與管制計畫」的主管，因為他們

農業部組織圖（川普上任前）

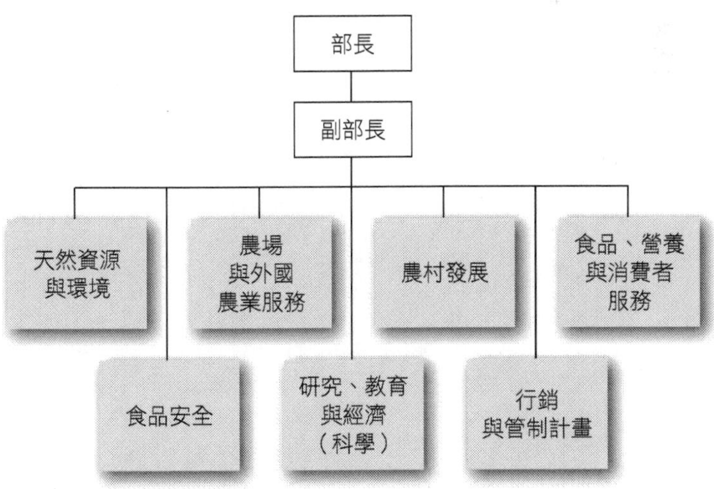

的職責之一就是監督與管理「動植物衛生檢驗署」（Animal and Plant Health Inspection Service），而檢驗署的工作內容，就是化解人類與動物之間層出不窮的衝突事件。或者，如果你想知道現在有哪些農民最依賴聯邦補助，你可以去找掌管「農場與外國農業服務」的小方格。

這些主管雖然擔任公職，但都不是什麼公眾人物，走出農業部，根本沒人聽過他們的名字，也沒人認得出他們的長相。而且每一個小方格扮演什麼角色，總統也未必全知道。就我看來，今天最大的問題是：當有人心懷不軌、管理失職，這七個小方格中，哪些格子將受害最嚴重？

以「天然資源與環境」為例，這個單位並不如表面的抽象，員工人數大約是四萬人，轄下包括美國國家森林局（US Forest Service）。美國境內廣達一．九三億公頃的森林和草原，與未來的氣候變遷息息相關。川普上任之前的最後一任次長是羅伯特．伯尼（Robert Bonnie），他的一位前部屬對我說，伯尼是「我們見過最優秀的次長」。伯尼是個做事認真，但個性有趣的人，他非常關切川普政府會如何對待他曾待過的農業部。當我問他最擔憂哪件事，他的答案是：「野火。」

「撲滅野火」是農業部所有工作項目中較具體，但也較常被忽略的任務。我之所以知道，也是多虧了賽迪。他曾在預算管理局任職，後來轉調至白宮。二〇一四年，年僅二十七歲的他奉命帶領一群專家小組，負責監督農業部、美國太空總署、能源部、內政部、環境保護署以及其他政府單位預算。他必須設法搞清楚，這個在他兒童時代曾經補助過他的聯邦政府單位，究竟在做什麼？這並不是容易的任務，「和其他政府部門相較，農業部的預算是最奇特的。」他說。

之所以說奇特，原因之一，是農業部竟然做了這麼多事情；原因之二，是大部分的美國人竟然完全不知道自己有多依賴農業部；原因之三，是如此龐大的補助金發放，竟是由沒沒無聞的公務員負責經手。

如果你想透過追金流的方式，找出農業部內部究竟發生了什麼問題，就必須拜訪由凱文・康加農（Kevin Concannon）掌管的單位。

七成預算在他手上，你卻從來不知道他的存在

我在康加農位於緬因州森林的住家與他會面。電話聯繫時他曾說，他的公務員生涯大半是在幾個不同州政府，掌管食品健康與營養的部門。二〇〇八年他決定退休，與太太一起在這裡生活，現在他們住的房子是在多年前買下的，因為森林近海，所以他們還買了一艘小船。

「退休之後，我其實不怎麼快樂，」他說：「我們買了船，在船上待了兩星期之後，我們互相問對方：接下來要幹嘛？我實在不理解，為什麼有人會說等不及要退休，退休的感覺就像是在坐牢混日子。」就在他腦中浮現這種念頭後不久，他接到一通電話，是由新上任的農業部長湯姆・維爾薩克（Tom Vilsack）打來的。「我找上他有幾個原因，」維爾薩克說：「其中最重要的原因是：心。」

康加農即將邁入七十歲，但他決定結束退休生涯，重回職場，掌管歐巴馬時代農業部旗下的「食品營養與消費者服務」這個小方格，直到二〇一七年一月川普的

團隊進駐。在農業部服務八年期間，他負責的計畫包括：執行學童營養午餐計畫，確保孕婦、新手媽媽以及年幼兒童獲得適當營養；他也同時進行好幾個解決飢餓問題的小型計畫。光是這些計畫的預算，就占農業部總體預算的七〇%。他手上掌握如此大筆納稅人的錢，但對外依舊沒什麼人聽過他。「我們常開玩笑說，如果隨便在街上告訴一個經過的路人，我們在農業部做的事情，多數人會很驚訝，原來這些事情竟然是我們做的。」他說。

原本，他也準備要與川普團隊交接，但是，並沒有等到川普的團隊現身。他從未與任何一位參與交接計畫的人士碰面，川普團隊也從未和他任何一位下屬談過話。康加農在電話上告訴我，說真的，「他們對於營養的議題一點也不關心。」川普團隊就像是威頓大樓外的路人，現在他們卻跑到大樓內辦公。

康加農的住家隱身於樹林之後，與道路隔離，如世外桃源般讓人驚喜。他本人也是如此：原本我以為會見到一位極需要刷存在感的老人，我以為他是那種有著守舊官僚習氣的老人。但是讓我意想不到的是，站在我面前的是一位鬍鬚刮得很乾淨、精神奕奕的老人，引領我參觀他退休後居住的房子。「媒體從來就不是我生活中重要的一部分。」他大笑說。他帶我到擺放著一張桌子和數張椅子的後院。「這可是退休後第一次接受訪問！」頂著初秋的寒意，我們玩起新英格蘭地區最愛的戶外遊戲：看誰先冷到受不了，開口要求回到屋內去。

當我問他，對於川普政府他最擔憂的一件事是什麼？他立刻回答：是「糧食券」（Food Stamp Program，也稱為「補充營養援助計畫」，為無收入及低收入美國居民提供購買食品的補助）。川普提出的預算案中，刪減了未來十年糧食券計畫的經費，幅度超過二五％，這麼做，等於拋棄了「國家有責任為人民提供最低限度營養」的信念。不過，川普這項預算案看來不可能過關（至少目前是如此），因為國會不可能同意他這麼做。

但川普這麼做，的確也反映了部分人的心態，「為什麼會有人對糧食券如此反感呢？」康加農邊坐下邊說，然後自己提供了解答：「窮人去看醫生，政府幫忙埋單沒人知道，所以相安無事；但是當看到有人拿著糧食券去買東西，心理就容易覺得憤憤不平。」

不論誰接任他的職務，他說，都必須特別關注舞弊問題。其實，在補充營養援助計畫上舞弊的案件，已經比過去減少許多。二〇一五年，補充營養援助計畫總計撥款達七百億美元，舞弊案件僅占五％。當然，還是有人可以成功騙過政府，低報自己的收入，享有原本不該享有的福利。有時候，有些人為了取得現金或購買食物以外的東西，會將糧食券以低於票面價值的價格「周轉」給商家（也就是低價轉賣糧食券），商家以低價取得糧食券之後，再謊報假交易，向政府請款，賺取不當利益。有些地方比較容易發生詐騙事件，「在南達科塔與北達科塔這兩州，居民簡直是模範生，」康加農說：「但是，邁阿密州或是俄亥俄州的哥倫布市，就完全相反。」

不過，現在政府已經改用電子福利轉帳卡取代糧食券，每張卡都有自己的識別碼（ＰＩＮ），前述舞弊的情況改善很多。農業部也雇用專業人員彙整食物購買資料，找出可疑的行為模式。一旦發現有問題，就會指派臥底調查員收集證據，目前農業部有一百位臥底調查員。

我放下筆，抬頭看著他：「農業部有臥底調查員？」

「他們比較像是邋遢的神探可倫坡（*Columbo*，美國知名的推理偵探電視劇主角）啦！」他說。

不過，他說這不是重點，他真正要強調的是：舞弊案的發生機率其實非常低，但「少數個案被媒體大篇幅報導，才引起社會高度關注，例如衝浪哥事件。」他說。來自聖地牙哥的「衝浪哥」，接受《福斯新聞網》採訪時宣稱，他之所以可以整天衝浪不用工作，正是因為他有糧食券。《福斯新聞網》對這位衝浪哥所說的話不疑有他，這才是問題所在。媒體的不實報導，讓政治人物更傾向終止這項計畫。

當然，川普陣營裡不太可能有人跳出來說「窮小孩和窮老人活該餓肚子」，但很明顯，這項計畫很有可能因為執行不當而失去支持，到時候窮小孩和窮老人就真的得餓肚子了。我們必須知道——康加農提醒我——有多少真正需要補充營養援助計畫的老百姓，會因此受到拖累。「我常對人們說：你可能不曾遇見任何一位因為補充營養援助計畫而受益的人，你可能從沒看過嗷嗷待哺的嬰兒或是失去工作的家庭，但是你一定要記住：他們的確存在。」

我發現，這問題或許與「動機」有關：為什麼會有人想要在聯邦政府之下的這些小方格裡工作？關於這個問題，當然每個人都有自己的答案，但這個答案很重要。一個人做一件事的理由，與這個人的工作成果有非常密切的關係。康加農掌管的單位每年負責近一兆美元的預算，卻從來沒有人問過他這個問題。

他確實有自己的答案。他出生於緬因州波特蘭的工人階級家庭，家中有七個小孩。他的哥哥患有思覺失調症（schizophrenia）。他的父母是愛爾蘭移民，他們一直認為是他們的疏失導致他哥哥患病，因此深感自責。「當時人們相信是營養問題，而非天生。」他說。有一天，兩名退伍軍人事務部（Veterans Administration）的社工造訪他家，為他哥哥提供新的藥物治療，減緩他的症狀。「他們讓我的父母了解，哥哥得這種病與他們的撫養方式無關，」康加農說：「只是運氣不好。」

來自政府部門的天使，帶給他的家庭莫大幫助，於是當他在一九五九年大學畢業時，心想是否有類似的工作可做？大學時他讀了《另一個美國》（*The Other America*）這本書，作者麥可・哈靈頓（Michael Harrington）在書中描繪了美國貧窮階級的生活。他也聽了美國前總統約翰・甘迺迪（John F. Kennedy）的就職演說，明白了公共服務的重要性。畢業之後，他很清楚自己要做什麼樣的工作。十四年後，他成為緬因州心理衛生服務單位的主管。

顯然他證明了自己確實能勝任這分工作，因為當他在一場選舉之後被迫離開，其他州政府紛紛向他招手。他先到奧勒岡州，負責主持心理衛生與發展性障礙計畫。上任四個月之後，某天奧勒岡州州長尼爾・高德史密特（Neil Goldschmidt）在走廊上拉住他，「他說：『一起參加記者會吧，他們要宣布新的公共福利部部長。』我問：『是誰？』他說：『就是你啊！』」

身為奧勒岡州營養計畫的主管，即便政府願意為陷入面臨飢餓困境的民眾提供營養補助，並不代表所有忍受飢餓之苦的民眾都能受惠。雖然是聯邦政府提供的補助，卻是由州政府負責執行。「在美國，如果你是窮人，住在哪一州，人生會大不相同，」康加農說：「除了天氣問題，有些州會要求申請者填寫六十甚至七十頁的文件才能得到補助，窮人很容易因此感到萬分挫折。」喬治亞州就是如此，德州也是。「如果他們像經營美式足球球隊那樣，用心管理食物計畫，早就把教練開除了。」康加農說。一位懷俄明州的議員曾告訴康加農，他如何技術性減少該州申請補充營養援助計畫的人數；一位亞利桑那州的國會議員甚至提案，將補充營養援助計畫的福利卡改成跟監獄服一樣的橘色，意味著這是補助，也是恥辱。二〇一六年，北卡羅來納州幾個城鎮遭受嚴重水患，州政府竟然宣布在總統大選當天，發放災難救濟食物福利卡，迫使窮人必須在「領卡」和「投票」之間二選一。在堪薩斯州，康加農向當地負責監督補充營養援助計畫的官員說明他如何在奧勒岡州幫助受飢餓之苦的民眾，讓他們更容易取得補助，「他跟我說：『哎，如果我們真的這麼做，就會有更多人來申請。』我說：『當然，這不就正是補助計畫的目的嗎？』」

康加農認為，他在奧勒岡州的工作目標很單純：讓符合資格的人更容易獲得補助；減少不必要的繁瑣流程；大力宣傳補助計畫；改變文化，從原本怕被占便宜的心態，轉變為以同理心來協助需要的民眾。

緬因州新州長上任後，他接受邀請，從奧勒岡州再度回到自己的家鄉緬因州，負責所有公共衛生與營養計畫。他再次展現他解決問題的非凡天分，例如，他注意到許多缺乏健康醫療保險的當地民眾無法取得處方藥，因為他們沒有能力支付昂貴的藥價。在緬因州北部，有些人會跨越邊境進入加拿大，就為了用較便宜的價格購買同一家公司生產的相同藥品。他認為，這種現象太離譜，而且缺乏經濟效率。政府應該做的，是盡量協助人們遠離困境，以免他們真正陷入困境時，政府必須付出更高的代價善後。於是他提出了「緬因州處方藥補助計畫」（Maine Rx），讓生活於貧窮線以下的民眾，也能以醫療補助計畫的優惠價格購買處方藥。三個月內，有十萬人登記。後來藥廠抗議這項計畫，一路上訴到最高法院，法院最後要求緬因州必須修改計畫執行方式，如今計畫改名為「新版緬因州處方藥補助計畫」（Maine Rx Plus）。

二〇〇三年，在愛荷華州州長維爾薩克邀請之下，康加農再次離開緬因州，前往愛荷華州。在六年任期內，接受補充營養援助計畫的當地民眾人數增加了六八%。

還有很多要聊的，但是時間很晚了。

「你覺得冷嗎？」我問他，希望他點頭。

「不冷，」他說：「但如果你……」

我們回到屋內，走到廚房餐桌前。他拿出剛烘培好的香蕉麵包，放在我面前。我努力忍住不盯著麵包看。乾硬的香蕉麵包難以下嚥，但像這種有些溼黏的香蕉麵包，實在讓人難以抗拒。康加農的香蕉麵包，看起來好吃極了。

有人反對康加農的計畫，理由是：「為什麼我辛苦賺來的錢，要拿來供養其他人？」他們批評康加農是慷他人之慨，變相鼓勵懶散和怠惰。

但事實上，他掌管八年的計畫根本不是這樣。首先，每一餐平均的補助金額，其實僅有區區一．四美元。其次，八七%的補助金是發放給有小孩、殘障人士或老人的家庭，「這些人本來就沒有工作能力。」他說。如果是身體健全的成年人要申請補充營養援助計畫，先決條件是必須有工作或是參加職業訓練，每周至少二十小時。沒錯，美國的私人食物銀行能提供部分協助（每年發放的食物大約是八十億美元），但政府的補充營養援助計畫有七百億元，否則光靠私人慈善機構，無法照顧到所有需要補助的人。在他看來，補助計畫最大的挑戰不在於如何避免有人占便宜，而是如何讓每一個陷入貧窮困境的人都能獲得補助。

康加農做了許多努力，改善問題。在他任內，符合資格的窮人獲得補助的比率，從原先的七二％提升至八五％，同時詐騙案件的比率也降至歷史新低。但是，對於補充營養援助計畫的誤解，例如，認為可以拿糧食券賭博，或是買酒、買菸等等，依舊存在。

我拿起了一片香蕉蛋糕。「除此之外，你還擔心哪些事？」我問。

「學校營養午餐。」他毫不猶豫地回答。

為民服務的公務員，得知道自己「不」需要什麼

川普任命的新農業部長桑尼．帕度宣誓就任後一星期，在維吉尼亞州利斯堡的一所學校舉辦了一場公開活動。

時間快轉回歐巴馬執政期間，政府成功地提升學校營養午餐的營養要求，共有三千萬名學童受惠，是二十年首次獲得改進。學校為了獲得聯邦政府的營養午餐補助，必須像負責任的父母一樣，不能再對學童的飲食漠不關心：例如，增加穀類、蔬菜和水果，減少鈉的使用，不提供含有人工代糖的全脂牛奶等等。康加農將早餐計畫擴及至無法在家獲得足夠營養食物的學童，早餐的成分也更符合營養標準。「你總不能讓他們吃鬆餅和熱狗。」他說。

但供應學校營養午餐的廠商卻大動作反擊，因為對這些廠商來說，提供鬆餅和熱狗的成本，遠低於蔬菜水果。儘管如此，到了二〇一六年底，美國學童飲食的營養成分要比二〇〇八年好很多。「九八%的學校都有符合新的標準，」康加農說：

「無法符合標準的學校，是因為面臨了一些問題，我們會說，『讓我們一起解決問題。』」

然而，在利斯堡的學校舉辦的公開活動上，帕度宣布：農業部不再要求學校午餐必須符合全穀物標準或是新的鈉含量標準，也不再限制含有人工代糖的牛奶的脂肪量。乍聽之下，這幾個改變沒什麼大不了，但實際上所帶來的影響非常大。這不僅關係到美國學童可以喝到什麼樣的牛奶，更關係到整個社會要給學童喝到什麼樣的牛奶？孩子們每天吃下肚子的食物，該任憑乳品業者、零食業者說了算，還是該聽營養專家的？

對於帕度的演講，康加農感到非常失望。他認為這純粹是出於政治考量，完全不是為了學童的福利著想。「對於資深公務員你可以放心，」他說：「因為大多數公務員真心為民服務，他們也樂在其中。」但對於即將執政的新團隊，康加農就不敢肯定了。問題就在於「動機」：他們為什麼要到農業部工作？任何一位在康加農部門工作的職員，如果選擇到外面的食品業找工作，必定能賺大錢。

我又拿了第二片香蕉蛋糕，同時環顧康加農住家的四周。他的公僕生涯已經結束。過去五十年，他大部分時間都在努力爭取政府預算來改善民眾的生活。他掌管將近一兆美元的政府支出，但是他住的地方卻十分簡樸，開著十年的富豪（Volvo）老車。他曾在不同州政府工作過，每次都因為傑出的表現受到表揚。那些徽章如今堆放在車庫裡，因為家裡的牆面已經掛滿了。

康加農讓我印象深刻的一個特質，是他很清楚自己「不」需要什麼。例如，他大可接受食品廠商或藥廠的遊說，到民間企業爽拿高薪，但他從沒這麼做，他對那種工作一點興趣也沒有，「我現在這樣很好。」我問他，為什麼沒有成為有錢人？他回答：「我覺得自己的錢夠用，我從不覺得有必要去民間企業工作，拿相當於現在三倍的收入。如果你真的熱愛自己所做的事，你就會一直做下去。」

當我要走出門時，他拉住我。「你沒有問我除了剛剛講的之外，還擔心什麼事？」他說：「但如果你問我，我會說：科學研究。」

看似落後的農業部，其實掌管先進的科學研究

你會在凱西・沃特基（Cathie Woteki）身上注意到一項特質，就是她的淡定。她不太願意多談公僕生涯中情緒緊張的時刻，即便說了，內容也很簡短。好比說，直到我們第四次見面對談，她才透露之所以成為農業科學家，只因她的教授告訴她，基礎科學領域沒有女性容身之地。她於一九六九年自瑪麗華盛頓大學畢業（隸屬於維吉尼亞大學的女子學院，因為在當時維吉尼亞並未招收女性大學生），之後跟隨當時的男友、後來的丈夫進入維吉尼亞理工大學，選擇生物化學研究所就讀。同屆科學領域的研究生全都是男性，過了一段時間她才意識到，教授對待她的方式和其他學生不同。「當我發現所有人都拿到助學金，只有我沒有，我才明白其中原因。」她跑去找系主任，詢問要怎麼做才能拿到助學金？「他說我永遠都不可能拿到，因為投資女性划不來，很可能我會結婚生小孩，然後中途而廢。」

回顧過去，她感到不解的是為什麼學校錄取了她，卻要澆熄她的企圖心。當時

正值一九六〇年代末期，「如果你去找和我年齡相近的女性科學家聊，幾乎所有人都能說出和我相似的故事。」她說。

維吉尼亞理工大學和其他名稱冠有「理工」（Tech）或「農工」（A&M）的美國大學一樣，都是因為美國國會於一八六二年通過的一項法案而成立的（也正是那屆的國會議員，通過美國聯邦政府成立農業部）。南北戰爭中期，林肯認為必須提升農業的生產效率，因此將農場過剩的人力，轉去從事其他工作——這正是當年成立農業部的緣由，換言之，農業部就像是一個由政府成立的大型科學實驗室。

數據顯示，這個科學實驗室發揮了驚人的影響力，改變了我們的生活方式。一八七二年，平均一個美國農民可以養活四個美國人，如今平均一個農民可養活一百五十五個人。一九五〇年，平均一隻母牛可以生產五千三百磅牛奶，到了二〇一六年，平均一隻母牛可生產二萬三千磅牛奶。威斯康辛州一隻名叫琦琦的荷蘭乳牛，一年甚至可生產將近七萬五千磅牛奶，相當於一天二十四加侖。

農業科學的突飛猛進，也帶來社會結構的改變，包括人們居住的地點、工作的型態、重視的事物，以及對未來的想像。多年以來，農業部提供大筆補助，委託授田大學（land-grant colleges，接受美國政府贈與的土地以及補助而成立的大學）負責執行各種科學研究，因而引發上述種種改變。包括維吉尼亞理工大學和威斯康辛大學，都是最早接受農業部委託執行研究的大學。「正因為維吉尼亞理工大學是授田大學，因此也成立了人類營養學系，我之前從未聽過有這個研究學門。」沃特基說。後來她選擇這門科系，因為有人鼓勵她。她過去和農耕或農業並沒有什麼淵源，她父親是空軍戰鬥機飛行員，她從小在軍事基地長大。她說：「我第一次觸摸乳牛，是我在維吉尼亞理工大學為乳牛進行人工授精時。」

但之後她對於食物和健康之間的關係，愈來愈感興趣。她的論文主題是調查一九六〇年代末於德州爆發的神祕疫情，當年位於德州的墨西哥裔美籍孩童紛紛染上怪病，卻查不出病因。最後她找出了背後的元凶：牛奶。她說：「不是病原體的問題，而是牛奶中的乳糖。」長期以來，墨西哥裔美國人都有乳糖消化不良的問題（通常是在十一或十二歲時開始出現），卻一直到她的論文完成，大家才知道是怎麼回事。

一九七〇年代初期，美國國會開始關注兒童營養不良的問題，她也就在這段期間成為營養學教授。「當時有許多兒童生長遲緩或過於消瘦。」她說，有一天她聽了一場演講，主講人任職於國會辦公室，主要研究人體營養的相關立法所產生的效用。演講結束之後，她走向前並自我介紹，這位主講人當場就錄取她。所有事情都是一環扣一環，不久之後她被指派領導農業部之下的一個專業小組，負責收集調查數據、分析食物消費行為模式，試圖找出美國飲食與疾病之間的關係。之後，她順理成章地轉至疾病管制中心，帶領一組團隊針對全美國人整體健康的基本問題找出解答。例如，一九七〇與八〇年代初期，美國兒童的血中鉛濃度大幅下滑，他們發現，原因是含鉛汽油逐步淡出市場。

但是，川普卻任命了一個全無科學背景的主管……

一九九三年初，西雅圖一位小兒科醫師通知華盛頓州衛生部，他在兒童身上發現感染大腸桿菌的症狀，例如抽筋和出血性腹瀉。後來，西部四個州、總計數百人病情嚴重，另有四名兒童死亡。疾病的源頭是速食連鎖店「盒中傑克」（Jack in the Box），起因是這家連鎖店製作漢堡時溫度過低，沒能殺死細菌。在美國，雖然負責肉類安全的單位是農業部，負責肉類之外其他食物安全的卻是食品藥物管理局（FDA）——也就是說，若有人因吃下菠菜而導致死亡，要去找食品藥物管理局算帳；但如果因為吃了牛排而送命，就是農業部的責任。在同一家披薩店裡，「起司披薩」歸食品藥物管理局管；「義大利辣味香腸披薩」則是屬於農業部的範疇。「盒中傑克」事件爆發後，農業部新成立了「食品安全」這個小方格，沃特基當了第一任主管，而且一當就是四年。

離開之後，她以為此後與政府單位再無瓜葛。「接著九一一事件發生，」她說：「我擁有別人所沒有的經驗，我當下情緒激動地問自己：這一刻，我可以為國家做什麼？」她非常清楚各種可能危及食品供應的威脅、她知道基因工程如何被利用成為大規模殺傷性武器，也知道小小細菌可能能毀滅一整個文明。於是，她又回到政府部門。在歐巴馬任期的後六年，她一直擔任農業部首席科學家。

她總是盡可能避免自己被主觀感受影響，這種特質也使她成為優秀的科學單位主管。儘管她不在意別人怎麼稱呼她，不過，幾乎沒有人叫她「凱西」，大家總是稱呼她「沃特基博士」。維爾薩克說：「她的工作表現相當出色，她堅持不讓政治干預科學單位的工作，如果我打電話跟她說，某項政策能不能延後一星期宣布？她一定會回我說：不准影響我的科學研究。」

一直以來，我們很少關注公務員對社會的貢獻，彷彿他們存在的目的，就是要承受外界的責難。但如果你仔細觀察就會注意到，沃特基掌管的單位最值得一提的重大貢獻之一，便是在二〇一五年成功遏止禽流感的爆發。他們很快開發出新的快篩法，將感染的雞隻與健康雞隻隔離。由於沃特基團隊的努力，被迫撲的雞隻只有數千萬隻，而非上億隻。一九九〇年代初期木瓜輪點病毒爆發，夏威夷木瓜業面臨毀滅和絕種危機，多虧了農業部轄下的另一個小方格「科學」，利用基因工程培植出可抵抗輪點病毒的木瓜品種，成功化解危機。

關於沃特基這個人，我聽到關於她的最糟評價，就是她那異於常人的幽默感。科學家講的笑話，有時就像搞砸了的實驗一樣——讓人笑不出來，沃特基就是這種人。她的車牌上寫著「沃博士」（DR WO），但是，在農業部沒有人這樣叫她，也沒有人想到要這樣叫她。

我第一次和她說話，是在川普宣布接替她職務的人選之後不久。這位新任首席科學家名叫山姆・克羅維斯（Sam Clovis），在阿拉巴馬大學取得公共行政博士的他完全沒有科學背景。他曾經在愛荷華蘇城的右翼談話性廣播節目擔任主持人，風格有些類似電台名嘴拉什・林博（Rush Limbaugh）。二〇一六年，他擔任瑞克・裴瑞（Rick Perry）總統初選競選團隊的愛荷華區主任，義正詞嚴地大罵川普「對基督的信仰不夠堅定」，但不久之後卻離開裴瑞競選團隊，加入川普陣營。有人說是因為川普給他很高的待遇，但是他拒絕說明。他對《狄蒙紀錄報》（*Des Moines Register*）說：「我絕不會透露他們給我多少薪水，絕對不會。」

他被任命為農業部的首席科學家，在農業部員工看來簡直是場惡作劇。自一九四〇年代以來，農業部根據亞歷山大・弗萊明（Alexander Fleming）的研究發現，成功研製出盤尼西林，開啟了抗生素革命。他們處理過各種植物病害和疫情爆發。他們曾資助（或沒有資助）的科學研究成果相當驚人。他們的前任首席科學家曾在大學任教，也曾在白宮任職，甚至入選為美國國家科學院的成員。

「他們會把科學政治化，」沃特基說：「我最擔心的是他們濫用科學研究，為他們的政策背書。」

食品安全、氣候變遷與……垃圾科學

近年來，農業部的重要科學研究都與氣候變遷的效應有關，負責科學單位的主管每年掌握將近三十億美元的研究經費。沃特基負責學童營養標準的科學研究，她要排定研究的優先順序，研究範圍包括：食品安全、國內與全球營養標準、食品供應安全，以及找出將植物轉化為燃料的最佳方法。「所有這些研究的目的，都是為了因應氣候變遷，」沃特基說：「所有事情都與氣候變遷有關。」例如，農業部資助了一項研究專案，找出如何改善羊群在高緯度地區放牧吃草的能力。乍看之下，這研究有些可笑，但你將會了解到，這些高緯度地區很有可能是未來唯一能讓羊群吃草的地方。「我們會愈來愈依賴科學投資所帶來的效率。」她說。目前全球有四分之一的可耕地，因為過度開墾或過度放牧而無法使用。「隨著氣溫與降雨模式的改變，耕種作物與豢養家畜的方式也必須做出調整，」她說：「氣候變遷也引發新的食源性疾病（food-borne disease）風險，甚至是病原體本身也會受到溫度和溼度影響而改變。」

如果川普政府想要利用政治干預農業部的科學研究，那麼所有的科學研究都將無法順利進行。「政府高層的談話的確讓我非常擔憂。」她說。經費不再是發放給最重要的研究主題，而是留給關係最親近的政治伙伴。她說：「我已經知道有很多很不錯的科學研究無法獲得補助，未來情況只會更糟。」他們會運用垃圾科學（junk science，出於政治或意識形態等目的而進行虛假的研究與數據分析）扭曲關於兒童營養的事實，例如鈉並不像一般人所說的對小孩健康有害、食用太多糖沒什麼不好等等，科學變得「模稜兩可」，再也沒有錯與對，只有說法，而且有正反兩面。

沃特基曾服務過農業部的兩個單位，因此我問她，關於食品安全，她最擔心的事情是什麼？

「在缺乏科學佐證下，改變食品安全的法令規範。」她說。

這……太廣泛了，我請她說得更具體一點。「他們會加快屠宰線的速度。」她不假思索地回答。

農業部曾經製作了一大本頁數厚重、但可讀性高的規則說明書，詳細列舉避免人類因食用肉類致死的規則。其中一條，是規定家禽屠宰線的速度：每分鐘一百四十隻家禽。理論上，農業部檢查員必須一隻隻檢查是否被感染，但沒有任何人可以一分鐘檢查完一百四十隻。家禽業一年可屠宰九十億隻家禽，他們勢必希望找出可以加快屠宰速度的方法。二〇一七年秋季，美國的全國養雞協會（National Chicken Council）向農業部請願，將屠宰線的速度提高至每分鐘一百七十五隻以上。「這樣一來，檢查員更難做好他們的工作。」沃特基說。（幸好這項請求已遭到駁回，至少目前為止。）

她不怕接她工作的人意圖不良，她比較擔心的是他們對科學的無知，而且無意改變。沒有任何一家大型養雞場希望雞隻感染沙門氏菌，如果要加快屠宰線的速度，就必須確保雞隻的安全。對科學無知，會讓他們對於自己的行為所可能帶來的問題視而不見，有時候甚至會導致嚴重的結果。

賽迪向我解釋了農業部轄下負責執行法令規範的單位（例如「食品安全」）以及花錢的單位（例如「科學」）兩者之間的差異。「一個是棍棒，另一個是蘿蔔。」他說：「對於無法可管的事物，就得花錢。」至於政府有權管制的事物，就沒有花錢的必要。例如，政府不可能立法強迫大學教授進行農業研究，因此只能提供補助讓他們研究。但是，政府可以強迫雞蛋供應商遵守法令規定，確保雞蛋安全，不會致病，所以不需要付錢給這些供應商。「在最極端的情況，聯邦政府可以買下所有雞蛋，並測試所有雞蛋是否安全。」賽迪說。

短期內，負責執行法令規範的單位比較不會受到新政府的愚蠢行為所影響，但花錢的單位則相反。川普大張旗鼓地利用行政命令解除管制，但事實上，這麼做遠不能達到他想要的目的。因為更改法令有一定的程序：首先必須徵求外部專家的意見，等待時間收集足夠的意見回饋，然後解決更改法令時必定會面臨的法律挑戰。想要順應家禽業者要求提高一分鐘屠宰的數量，即便這是明智的作法，還是有可能需要花費好幾年的時間。

但是，要改變誰能獲得農業研究補助以及他們是否能夠得到補助，相對簡單許多。因此，賽迪認為，相較於「食品安全」，「科學」單位的未來更令人擔憂。

別小看這個小方格，它掌管三百億美元

除此之外，農業部底下還有兩個重要的小方格，一是「農場」，另一個是「農村發展」。賽迪曾觀察到，龐大的預算流向前者，後者預算卻少很多。賽迪認為，川普政府的預算削減計畫應不至於影響到「農場」的預算，因為其中有許多預算是撥給大型穀物生產商（許多來自農業州的共和黨參議員，過去曾大力反對任何形式的政府補助，但是，當補助對象是大型穀物生產商，這些人卻又全都改口）。「政府補助是依據選區的政治實力決定的，」賽迪說：「而不是人民的需要。如果仔細分析農場預算和農村發展預算，就會發現農場預算多數流到大型穀物生產商的口袋裡，但農村發展的預算，通常會讓農村居民受惠。」

他認為，要不是因為有了這筆預算，美國農村絕不是現在大家所看到的樣貌。「如果沒有農業部的預算，我們可能和撒哈拉以南非洲或是中國農村沒什麼兩樣。」賽迪說。美國有許多小型城鎮分散各地、缺乏組織，生活窮困，居民根本沒

有錢雇用華盛頓說客。但是，現在這筆農村賴以維生的聯邦政府補助金，卻必須向擁有政治權力的人爭取。「我們希望保留具有情感連結的基礎建設，」賽迪說：「任職白宮期間，我們一直在思考：要如何找到農村發展所需的政治資源？因為光靠農村人自己，是不可能成功的。」

莉蓮・薩萊諾（Lillian Salerno）離開「農村發展」這個小方格時，已經待了將近五年的時間。

這個小方格的任務很簡單：為人口低於五萬的城鎮，提供低利貸款以及少量的補助金。這個小方格底下，擁有一家資產達二千二百億美元的銀行，主要服務對象是美國農村最貧窮的居民：包括南方內陸地區、原住民部落，以及美墨邊境、被稱為「殖民地」（cononia）的貧窮落後社區。「在某些南方社區，他們唯一能獲得的金錢援助就是政府補助金，很多人甚至是靠政府補助金來還債。」

她有一半的工作時間，負責審查需要接受協助的美國農村需求，另一半時間則是枯燥乏味的長途旅行。「不只是飛去紐約，我還得要去像是明科市（Minco）或是奧克拉荷馬（Oklahoma）等地方，每次都得轉機，加上開兩到三小時的車。」

除了這些大型城市之外，她也得到各個小城鎮訪查，這些地方迫切需要興建衛生中心、住宅，或是成立小型企業。「走訪這些小城鎮，會很突兀地看到設施完善的消防站。這就是我們的農村。」她說。對於這些小城鎮而言，電力、網路連線或是衛生中心的建設成本很高，「對於聯邦政府而言，讓農村有飲用水可喝才是更重要的任務。」她的工作非常重要，「我們提供四萬美元的補助成立衛生中心，然後你一直認為，這樣可以做出改變。」

農業部提供的貸款通常是由地方銀行負責發放，接受貸款的人不會知道這筆錢究竟出自於何處。維爾薩克和我分享了一則故事，他們曾經提供一筆貸款給一家位於明尼蘇達州小鎮的企業，老闆對歐巴馬政府很不爽，是《福斯新聞網》的忠實觀眾。這名企業老闆接受地方報紙的採訪，談他獲得這筆貸款的感想。「他告訴記者，他非常自豪這一切都是他自己努力得來的，」維爾薩克說：「後來農業部的人去跟他打招呼，他問對方：『你是誰？』她說：『我是農業部的職員。』他又問：

『你在這裡做什麼？』她說：『先生，你剛剛宣布取得的那筆貸款，是我們給你的。』他的臉瞬間垮下來。」還有許許多多類似的故事，不斷在全美各地上演。

這種現象，薩萊諾早已見怪不怪。「未來我們會避免類似的事情發生，」薩萊諾說：「我們會廣為宣傳並拍照記錄，照片上用大大的大寫字母注明『美國政府』。這正是維爾薩克希望做到的——站在民眾面前，讓大家知道聯邦政府真正做了哪些事。在幾個南方傾向支持共和黨的州，有些市長會希望我們：『可以不要提到是政府提供的嗎？』」但這些補助經費挽救生命、保留社區，人民卻完全不知道政府所扮演的角色。薩萊諾說：「這是對政府體系的誤解，我們一直沒有讓民眾理解，政府實際做了哪些事情。」

她自己也是長大之後，才明白政府有多重要。她出生於德州一座名為「小榆樹」（Little Elm）的小型農村，家中經濟貧困，有九個小孩，政治立場傾向共和黨。她高中畢業那年，同一屆學生總共只有十八人，她同時擔任學生會會長及啦啦隊隊長。「我之所以數學不好，是因為我必須在啦啦隊或數學之間做選擇，結果我選擇了啦啦隊。」她說。她的同學很少有人繼續升大學，但她成功獲得德州大學的錄取資格以及佩爾助學金（Pell Grant，聯邦政府提供的助學金，由學生提出申請，聯邦政府會依據學生的需求發放）。只是光靠這筆錢還不夠，她仍得到餐廳打工才足以支付生活所需。

一九八〇年代末，她在「小榆樹」餐廳打工期間，她有朋友因為感染愛滋病而生命垂危，她跑去達拉斯探望。到了醫院，她發現竟然沒有人照顧正在垂死邊緣掙扎的病患，護士們太害怕了，根本不敢和愛滋病人有任何接觸，大家都怕給病人注射藥物時自己會被針頭感染。「當時，每一個感染愛滋的病患都會死，」薩萊諾說：「他們自己也知道，不會有護士來照顧他們。我心想，這真是我看過最荒謬的事情！」

當時的她，第一次感受到社會的不公義，她渴望看到所有生命都能被公平對待的一天。「如果你跟我一樣出生於小城鎮、大家庭，沒有任何資源，你也會帶著特定眼光看待這世界。」

她決心要盡一切努力改變這一切。看到受苦中的朋友，她腦中浮現了一個點子：何不發明一種使用方式和原子筆一樣的安全「伸縮針頭」？於是，她請一位工程師朋友幫忙設計，然後向地方銀行申請貸款，並獲得核准。但直到很久以後，她才知道原來這筆貸款不是銀行借給她的，而是來自中小企業局（Small Business Administration）。當時她完全不知道，地方銀行根本不可能貸款給只靠著新發明成立公司的新手創業家。

薩萊諾和她的伙伴在小榆樹成立新公司「伸縮科技」（Retractable Technologies），由兩人共同經營。他們在一九九〇年代初期取得第一項專利，一九九七年獲得美國食品藥物管理局核准。公司成立的第一年，賣出一百萬支注射器，第二年達到三百萬支。到了第三年，位於小榆樹的辦公室員工人數增加到一百四十人。她到銀行還清貸款，但她當時仍不知道這筆貸款來自於政府。

此時的她終於有了第一筆自有資金，也逐漸了解健康醫療產業的內部運作內幕。生產舊型注射器的必帝公司（Becton, Dickinson & Co），當時擁有超過八〇%

的市占率，薩萊諾的新產品讓他們備感威脅。後來必帝公司模仿薩來諾的發明，自行研發了一款類似的注射器（其實不好用），強迫醫療體系採購。薩萊諾認為，必帝公司必定是吃定她無力負擔提告所需的訴訟費用，才敢如此明目張膽。她決定出手反擊，最後成功在二〇〇四年以一億美元賠償金達成和解。

即使如此，必帝還是想盡辦法阻止她的新產品進入所有通路。因此她的公司雖然存活下來，但並不如原先想像的那麼成功。目前員工人數為一百三十人，低於高峰期的兩百人。薩萊諾認為，大企業影響力逐步高漲，是導致美國農村衰弱的原因之一。大企業透過壟斷掠奪資源，對政府予取予求，因此她開始深入思考整體制度的問題。「整個健康醫療產業把真實的生產成本隱藏了起來，」她說：「我知道成本是多少，因為我有實際生產過。」

她為此感到義憤填膺，二〇〇七年她決定支持希拉蕊・柯林頓（Hillary Clinton），後來轉投向歐巴馬。「我之所以改變決定，是因為他們攻擊歐巴馬的手段讓人火大。」她說。歐巴馬贏得總統大選後，有一項協助美國農村人口學會自力更生的任務，薩萊諾被視為理想接任人選。「有人對我說，你來農業部，擔任美國農村業務主管如何？我問對方『美國農村業務』？有這個職務？」

就這樣，她因緣際會接下了「農村發展」這個小方格的主管。她能動用的資金規模相當龐大，這個單位每年發放的貸款或補助金高達三百億美元，可是外界完全不清楚這個單位在做什麼。中小企業主出身的薩萊諾，最不能忍受的就是政府部門的無效率。她說：「你擁有如此龐大的人力，卻沒有好好投資他們，他們無法面向外面的世界，他們不具備任何在現代職場工作需要的工具。」

但她也無法吸引年輕人來這裡工作。她曾經估計，農業部的十萬名員工當中有多少人會製作試算表，結果她算出來的答案是：低於五十人。「我一直很謹慎地支配預算，當我強調我們肩負著『受託人責任』（fiduciary duty），或是主張政府不可以慷納稅人之慨時，他們常會諷刺我『妳根本是共和黨派來臥底的』。但我心裡很清楚，這不是我們的錢，這是納稅人的錢，這筆錢是來自某個辛苦工作、每小時賺取十五美元的打工族。」

在薩萊諾看來，美國農村解體的危機日益惡化，透過政府補助仍是唯一解決危機的方法。例如，「當沃爾瑪百貨（Walmart）到某個城鎮設點，若要幫助鎮上的小型企業能繼續營運下去，政府要提供多少補助，這一點我們很難量化。」她說。美國資本市場一直有個現象，就是資金無法流向小型城鎮。許多州強調，保留小型城鎮的生活型態有益於整體社會，他們能為整體社會做出某些重要，但很可能被低估的貢獻。」目前全美國有百分之十五的人口，居住於不到一萬人的小型城鎮，但是，軍隊中來自農村的人口比例，卻遠遠高於都市地區。

他們投票給川普，而川普卻……

愈是居住於農村地區的美國人，愈需要依賴聯邦政府的補助；而愈是居住於農村地區的美國人，就愈有可能投票給川普。所以你可能會認為，川普上任之後會盡一切所能，重視「農村發展」這個小方格。結果？並沒有。例如，川普宣布美國退出「跨太平洋伙伴協定」（Trans-Pacific Partnership），根據美國農業聯合協會（Federation American Farm Bureau）估計，美國農民每年大約將因此損失四十四億美元。

川普政府上任以來，的確把施政重點放在對外貿易。但對農業部來說，這卻意味著「農場與國外農業服務」這個小方格被一分為二——一是「農場」，一是「國外農業」，也就是貿易。但受限於法令，農業部轄下只能有七個次級單位，因此如果川普打算把一個小方格拆分為兩個，他就必須先廢除另一個方格才行。於是，他們決定取消「農村發展」這個小方格。「那些曾經接受我們單位補助的選民，多數都投給了川普，」薩萊諾說：「但川普卻把這單位從組織圖中給移除了。」

這讓薩萊諾感到憂心，不僅是因為她曾在那個單位服務了五年，更重要的原因是她質疑接任農業部的這群新進人員的動機。「你想知道我最擔心什麼嗎？」她說：「我絕對相信，此刻川普政府和華爾街金融業者正在討論，要如何取得銀行手上貸款對象的名單。」

她擔心，用來協助貧困地區民眾的這筆錢，未來將成為大型金融業者的獲利來源。她認為，這是川普政府決定廢除「農村發展」這個小方格、將二千二百億美元轉到部長辦公室的原因：這樣一來，就可以在神不之鬼不覺的情況下挪用這筆錢。「我認為他們會怎麼做？」她說：「他們會把所有的錢交給他們在金融業的朋友。就像是將水資源私有化一樣——未來佛羅里達州的農村居民每月得支付七十五美元，而非二十美元。」

薩萊諾觀察川普政府已有一段時間。她發現，川普指派接任美國農業部重要職務的新進人員，都是二十多歲的白人男性。他們完全不了解美國農村地區，也不感興趣。她認為要解決問題只有一個辦法：回到德州參選。她依舊是當年那個來自德州小榆樹的女孩，「基本上，我依舊是個服務生，」她說：「如果我當上了國會議員，還是會保持這樣的態度。」前面提到，賽迪曾提出一個疑問：協助美國農村民眾的政府資金從何而來？我相信，很可能就是來自於她。

賽迪發現，很多美國人不理解自己國家強大的原因，反而是從其他國家來到美國的移民看得比較清楚——移民不會把一切視為理所當然。「你可以看到機會出現在你面前，」他說：「你會看到有貴人伸出雙手將你往上拉，於是你會心想『我也應該對其他人伸出援手，成為別人的貴人』。我自己就是被貴人拉上來的，只是我過去不知道原來貴人的出現，要感謝政府。政府常助人於無形，你必須很用心才會發現到這一點。」

問題是，有多少人願意這麼用心呢？

第三部

氣候，數據，人口普查

商務部——一個被嚴重取錯名字的部門

國家海洋暨大氣總署，國家海洋漁業局，人口普查局

是的，都隸屬於這個被誤解的部門……

她在龍捲風襲擊後滿目瘡痍的美國小鎮間漫步，對面前若非親眼目睹根本無法想像的景象感到震驚。

兩天前，二〇一一年五月二十二日，狂風將密蘇里州（Missouri）的喬普林鎮（Joplin）一分為二，留下許多非得自己看到才會相信的奇景：一條從下到上貫穿樹幹的橡皮管、一把四隻腳打橫牢牢釘在牆上的椅子、一輛掛在兩百公尺高的廢棄百事可樂大樓的沃爾瑪百貨巨大聯結車，還有一輛撞上樹後攔腰對折的大型休旅車。不過，車子的金屬部分已經被剝得一乾二淨，而樹也不再是樹，所有的枝葉都被暴風拔光吹走，只剩下一根大木樁。「我覺得簡直像有個巨人將小鎮裝在鋼盆裡，拿著打蛋器猛攪。」凱西．蘇麗文（Kathy Sullivan）說：「一切都太脆弱了。」

然後她發現用打蛋器比喻並不恰當，因為實際上被龍捲風損毀的災區邊緣，居然神奇地毫髮無傷。換句話說，凡是在龍捲風走過的途徑上的全都毀了，和它擦身而過的卻安然無恙。她說：「就像你用手指畫過蛋糕上的鮮奶油，留下一條清清楚楚的受災路線。」急診室的醫師看到前所未見的各種嚴重外傷，醫院外的地面肢體四散。一個孩子的背部肌肉被撕裂，傷口深及骨頭，一節一節的脊椎明顯可見。被交通號誌刺穿的身體。宛如自動步槍造成的累累彈孔，但埋在肉裡的卻不是子彈。受重傷的人自己開車到醫院，後座載著死掉的家人，他們向醫院員工求助，因為他們不知道該怎麼處理遺體。

議員先生，猜猜看你手機裡的氣象預測是哪來的？

那年春天，襲擊美國中部的龍捲風一共奪走了五百多條生命。光是喬普林鎮就有一百五十八人罹難、上千人受傷，其中許多人傷勢嚴重。自從美國政府啟用警報系統之後，從未有單一龍捲風造成的死傷人數如此之高。這場悲劇令人震驚，對蘇麗文更是造成莫大的衝擊：這些災民其實事先都知道龍捲風要來。

蘇麗文即將接管的美國國家氣象局（National Weather Service）在這次的表現其

實非常稱職。史上第一則「龍捲風預警」（tornado watch）在事發前四小時便已發布——雖然龍捲風預警在程度上還是和「龍捲風警報」（tornado warning）不同。美國國家氣象局的龍捲風警報平均在龍捲風真正襲擊前十三分鐘發布，這一次喬普林鎮的警報，卻是在龍捲風觸地前十七分鐘、進入喬普林鎮前十九分鐘就已響徹雲霄。然而，多數喬普林鎮的居民卻選擇不理會。「根據調查，大多數的喬普林鎮民並未在聽到警報時立即前往避難場所……。」不久之後，蘇麗文在報告上讀到這段話。

長期以來，美國政府和人民之間存在著一種奇特的關係，如果將來有人要寫關於政府的故事，應該至少用一整章的篇幅，來述說政府為了挽救人民生命所做的努力。早在一九四八年，奧克拉荷馬州的諾曼（Norman）空軍基地首次成功預測出龍捲風的動態。可惜那次的準確純屬運氣，他們無法複製出下一次成功，於是政府決定還是先不要警告人民比較好，因此命令當時的氣象局（Weather Bureau）不得再使用「龍捲風」這個名詞，氣象局認為這三個字會造成人民的恐懼。

不過，從那之後，氣象專家的預測能力愈來愈強大，花在衛星、雷達、電腦和較佳預測模型上的好幾十億美元，讓他們成功發展出龍捲風警報。但是，人民似乎沒有發現，政府所提供的氣象資料愈來愈好用，很多人（包括很多知識分子在內）直到現在都以為各種氣象資料是來自電視上的氣象頻道，或是手機裡的應用程式。曾有國會議員當面問她，大家都在用手機上的 AccuWeather 氣象服務，憑什麼納稅人還要花錢養美國國家氣象局？他們完全沒有想過 AccuWeather 也好，其他應用程式也好，或是電視台的氣象主播們，資料是哪裡來的？當龍捲風以時速三百多英里狂掃美國小鎮、造成慘重傷亡時，AccuWeather 又在哪裡？

美國人民顯然並不了解自己的政府在做什麼，不過，這也不是什麼新聞了。但現在蘇麗文發現了另一個重點：美國政府其實也不了解人民。

明明知道龍捲風要來，為什麼他們不逃命？回答這問題的最佳人選，其實就是蘇麗文自己，但她卻一點頭緒也沒有。她發現，相較於處理氣象的能力，美國政府處理人民的能力差太多了，政府花了好幾十億美元收集氣象資料，卻從未花過一分錢研究人民接收氣象資訊後的反應。

她忍不住打從心裡佩服起喬普林鎮的居民。她在斷壁殘垣中漫步，再度驗證她看過許多次的事實：美國人在「災難過後」的復原能力，遠比「災難之前」的預防能力強得多。大家你幫我、我幫你，受災區周緣看起來就像大學足球賽時舉辦野餐派對的停車場。沒受龍捲風波及的人，為受災戶烹煮食物。「沒人多問一句話，」蘇麗文說：「沒人會問你的家是否毀了，只要你走近說你餓了，食物就會立刻送到你手上。」

沒人能指控她失職。她並非天生的政治人物，也不是出生在政治世家，可是，她的雄心壯志帶領她走上這條路。為了擠入美國政府的核心階層，她不得不在一些小事上退讓，和自己及他人妥協。現在她是美國國家海洋暨大氣總署（National Oceanic and Atmospheric Administration，簡稱 NOAA）的第二把交椅，並且即將升任署長。負責監看龍捲風、發布龍捲風警報的美國國家氣象局，就隸屬於國家海洋暨大氣總署。她的部下確實已經在事前向居民發布預警，但還是在二〇一一年五月二十二日，創下美國六十四年來單一龍捲風罹難人數最多的紀錄。

她可以保持沉默。她大可獨自在辦公室裡攤手——那些人自己不逃命，能怪誰？然而，她卻不停自問：「我們為什麼這麼不了解人民的想法？」她飛回華盛頓，召集每一位其實都可宣稱自己在這件事上做得不錯的相關人員，然後問他們：「有人對這樣的結果感到滿意嗎？」

沒有一個人點頭。

誰說旅行一定是平面的？我就是要立體的旅行！

蘇麗文在加入美國政府之前，曾經接受過一長串考驗，有些是體能上的，有些是心理上的，有一些她根本不知道該算哪一類，從頭到尾她都沒搞清楚主考官心裡的標準答案是什麼。

她去美國國家航空暨太空總署（National Aeronautics and Space Administration，簡稱 NASA）進行過兩次幾乎一模一樣的面試，不同的是一次和一個友善的面試官，另一次則是和一個凶惡的面試官。她說：「比較凶的那個故意讓你覺得不舒服，房間裡燈光很暗，他坐在桌子後，而你坐在一把四周什麼都沒有的椅子上。兩人的位子並不相對，他看著你，你卻看不到他。他說話含糊不清，態度極不友善。這場面試結束後，緊接著開始另一場，不過，這次換成另一位開朗而溫和的面試官，表現得像你最好的朋友。」很久之後她才知道，面試之所以如此設計，是想看看她在有壓力和沒壓力的情況下回答同樣的問題，是否會出現不同的答案。「我之前沒有任何類似的經驗，」她說：「你確實有可能操縱人的心理，只是當時我並不知道。」

不過，後來她發現，其實面試官也不是真的想了解她，他們想要的只是一個答案：當她以時速兩百二十公里飛行在離地表兩萬八千公里的太空中，突然聽到一聲巨大的爆炸聲時，她還會像現在這麼冷靜嗎？

這是她申請第一份工作時的面試，她申請的職位是……太空人。雖然已是一九七七年，但當時的太空人仍屬於高風險行業。她說：「每次飛行都是在向世人證明你可以上太空，而且還能活著回來。彷彿我們駕駛的不是太空船，而是炸彈。」

儘管如此，除了她，還有八千零七十八個美國人報名，其中五千六百八十個符合基本資格要求。美國太空總署最後只邀請了兩百零八名佼佼者，到德州休士頓（Houston）郊外的詹森太空中心（Johnson Space Center）進行為期一周的面試。「他們將我們每二十人分成一組。」蘇麗文說：「抵達之後，我看到其他人……全是男的。好吧，沒關係，反正之前田野調查時也只有我一個女人，在船上也是。」問題是這些男人不只是性別相同，而且看起來關係甚佳。「我可以感覺到這些人彼此互相認識，他們全是戰鬥機飛行員之類的。我才二十五歲，還在念研究所，而且窮得要死。他們似乎很自在，很清楚自己在做什麼，而我則完全相反。我心裡想，算了，就當來增廣見聞吧！」

最重要的一場面試，長達九十分鐘。一長桌的陌生人盯著她看，其中一位是舉世聞名、高深莫測的航太計畫負責人喬治・艾貝（George Abbey）。面試一開始，他便一派優閒地往後靠在椅背上，眼睛半閉、口裡像含著東西說：「自我介紹，從高中開始講。」就這樣，沒第二句話。「顯然是故意指示得不清不楚。」蘇麗文說。

自我介紹並非她的強項。「我從來不是一個喜歡自吹自擂的人。」她說。但是，她還是開始對著眾人把自己的人生交代一遍——她怎麼在十三歲時從航太工程師父親那兒學會駕駛飛機，成長於五〇年代的她原本是想靠著自己的語言天分闖天下，從沒想過要去考飛行員執照。她在高中畢業前，從未踏上法國或德國一步，卻能流利說寫法語和德語，而且計畫將來還要再多學幾種語言。「我的想法很簡單：學會很多種語言，然後用它們看遍世界。」她曾在詹森太空中心口述歷史節目的採訪中說。她在一九六九年進入加州大學聖塔克魯茲分校，主修語言學。為了符合學校的理科學分要求，她選修了兩門海洋科學課程。她發現當今人類可以利用小型潛水艇深入海面下四百多公尺繪製詳細的海底地圖。「驚喜一個又一個的冒出來，接連不斷。我學到了以前在《國家地理雜誌》（*National Geographic*）上看到的各式各樣知識。」

在那之前，她所想像的旅行都是平面的：東方、西方、南方、北方。現在，她也開始想像往上或往下的垂直旅行的可能性，很想進一步深入研究海底地質。

每一所她申請的地質研究所都給了她入學許可，普林斯頓大學為了爭取她，還提供了全額獎學金。因為她最感興趣的區域是大西洋底下被稱為「中洋脊（mid-ocean ridge）」的海底山脈，所以在審慎考慮之後，她選擇接受位於加拿大新斯科細亞省（Nova Scotia）哈利法克斯市（Halifax）戴爾豪斯大學（Dalhousie University）的獎學金。從踏入學校開始，她便想盡辦法尋找登上潛水艇的機會，希望能近距離親眼看到中洋脊。「我努力鑽研學問，不停地問每個遇到的人，『我要怎麼做才能搭上其中一艘潛水艇？』我想要自己下去海底看看。」

你喜歡逐夢、喜歡當業務，還是太空人？

美國太空總署甄選新太空人的消息，是哥哥告訴她的。

哥哥看到報上的廣告，太空總署宣布所有二十五歲到四十歲之間、身高不超過一百八十公分、體重少於八十二公斤、擁有大學理科或工科學位的美國人都可報名申請。他自己應徵了，認為妹妹也該送件。這是史上第一次太空總署鼓勵女人和少數族裔申請。廣告上列出的理想候選人特質包括了：「願意接受類似現代飛航研究可能遭遇的高度危險、有忍受極不舒服的嚴峻環境的能力，並且在壓力或緊急狀態下保有做出適當反應的危機處理能力。」在這之前，太空總署的太空人大多從裝出一副不怕死的測試飛行員之間挑選，但是，現在他們想找的是科學家（或者至少是受過科學訓練的人），只不過有個要求：這些人仍然必須具備戰士般魁梧的身體和鋼鐵般的意志。

剛開始，蘇麗文並沒將這件事放在心上——你真的相信他們會雇用一個海洋學家？而且還是個女的？但兩個星期之後，她又在科學期刊上看到太空總署刊登的徵人廣告。看起來，這一次他們似乎真的想找女科學家。她意識到，自己可能就是他們在找的那類型女科學家。「我從沒在圖書館借過一本正常女孩會看的書，」她回憶：「我對所有的地圖和它們訴說的故事著迷。」另一方面，她的手非常巧，而且總是很快就能夠看出事情是怎麼運作的。她告訴詹森太空中心口述歷史節目的採訪員：「我總是在洋娃娃打扮比賽裡得最後一名，我從不認為洋娃娃有什麼好玩的，不過，我對娃娃屋裡的東西倒是充滿了興趣，因為我用建築的觀點看它們，我想自己建造它們，將它們改得不一樣，不是單單移動家具、坐在那裡想像根本不會發生的（娃娃們之間的）聊天內容。讓我再另外蓋一棟屋子吧！那樣才有趣。」

航太計畫負責人要她對著一大桌子的人自我介紹，但她隱約感覺到他們這麼做似乎還有其他目的。所有的人一言不發地聽著，直到她講到她在暴風雨中登上一艘船進行研究的事。講到最愛的海洋學研究，她眼睛都亮了。「想辦法克服海上發生的一切困難，仍能帶著你所需要的、符合你要求的精準資料平安回來。我好愛這種挑戰。」她說：「然後你得研讀帶回來的資料，努力撰寫學術論文，潛心苦修以贏得第二年也能上船出海的機會。」

有一次在深夜的暴風雨中，她發現一個關鍵研究儀器突然壞掉，她如何在黑暗中將它拖上船，仔細檢查。但那次海洋研究計畫的總負責人冷眼旁觀了兩小時，最後滿臉不高興地丟下一句「趕快把那該死的東西修好」，便轉身離開上床睡覺了。

蘇麗文說到這裡，喬治·艾貝終於打斷她的話。

「那妳怎麼辦呢？」艾貝問她。

「你問我怎麼辦是什麼意思？」她回答：「就把它修好啊！」

「修好之後妳就回去睡覺了？」他又問。

「我當時很想回嘴，『才不呢！你這白痴，我才沒睡。』」

她當然沒這樣回答，而是耐心地向在場的人解釋，她又等了兩個多小時，以確定她修好的儀器可以在暴風雨中正常運作。

後來，美國太空總署要求她做了類似邁爾斯·布里格斯（Myers-Briggs）職業性格測驗的人格分析，發現她和其他所有的太空人一樣是個「任務導向」的人。在美國人口中，只有百分之十五的人是這類性格。「『任務導向』性格的人在太空人中的比率非常高，」她解釋：「但是，在比較喜歡逐夢，或是喜歡當業務的人當中，『任務導向』的比率就相當少。」

「外太空」和「女人」，何者比較神祕？

最後，美國太空總署從申請的八千多人之中，挑選了三十五位新太空人，其中包括六名女性科學家。其他二十九個男太空人中，有很多還是退役的戰鬥機飛行員。他們心裡仍然覺得自己才是主角，認為女性科學家不過是陪襯他們的串場花瓶。至少在一開始時，他們是這樣想的。

蘇麗文一點也不甘示弱。「你知道嗎，你們不過是我的司機罷了。」她告訴其中一個飛行員。「我的工作才是這趟任務中有趣的部分。」對方很不高興，但航太計畫隨著時代在改變，已經和從前不一樣了。「在我加入的時候，」她說：「太空飛行再也不只是向世人證明你可以上太空，而且活著回來，重點變成了：我們可以在上面做什麼？」

她認為，太空人在太空中做的事，和她在地球上做的事沒什麼兩樣：探險、收集資料、分析資料理出頭緒。「科學家有三大任務，」她說：「第一：利用太空當成回溯地球和研究宇宙未來的平台。尋找不同的觀點。為了對地球有更進一步的了解，有些實驗只有在太空中才能進行。第二：為了在宇宙中生存，有什麼事情是我們需要知道，但現在還不知道的？第三：人類身體在脫離地心引力之後會產生什麼樣的反應？液體會如何流動？人體構造會出現什麼狀況？」

打從一開始，地球科學便深深吸引著她。從太空中拍攝地球的照片，進一步了解地球現況，發現人類必須盡快注意到的環境關鍵問題。「我全心全意地投入了第一項任務。」蘇麗文說。

然而，她也不能對其他任務袖手旁觀。她的工作是收集地球相關資料，但是，其他人的工作之一，卻是收集「她的」相關資料。他們終於有另一種人類——女人——的身體可以觀察，雖然被觀察的人並不樂意。「老實說，我對當實驗室的白老鼠沒有太大的興趣。」但太空中心的工程師們不知道為什麼對女人抱持某些奇怪的觀念，例如：他們認為在壓力急速下降時，女人的身體結構比男人脆弱。「美國空軍和某個航太醫學單位合作，」她說：「他們的結論是：在氣壓從大變小時，女人的身體比較無法承受。根據他們的實驗，他們認為女人的中樞神經系統有很高的機率會受損。航太醫學單位告訴他們，我會死掉。」她心想：「你們沒有足夠的資料，而且不懂得怎麼分析你們手上的資料。」因為她知道，女性深海潛水員在潛入極深的海域時，從未發生過任何類似的問題。

對在美國太空總署工作的男工程師而言，「外太空」和「女人」何者比較神祕，是個不容易回答的問題。很顯然他們手上對外太空的資料比對美國女人更多些。他們甚至在太空船裡放置化妝品，即使蘇麗文和另外兩名女太空人根本從不化妝。他們準備了防火材質的通用尺寸胸罩和內褲，最後女太空人們只得去向他們解釋，男士們可以穿通用尺寸的內褲，但是女生不行。最後，女士們才成功贏回為自己挑選防火材質的胸罩和內褲的權利。

進入太空之後，女人又要怎麼尿尿呢？工程師們為此煩惱了好一陣子。男太空人使用軟質尿套，但是這種尿套老是漏尿，有時甚至會爆開，而且顯然不適合女性使用。還好有個美國太空總署工程師發明了超吸水聚合物，將它製成每個人都能穿的尿布才解決了這個問題。（現在回想起來，也許他才該算是嬰兒紙尿布的創始人吧？）

當然，男工程師們非常擔心女太空人在出任務時可能會遇上經期。「在太空繞行地球時，女太空人可能來潮讓整個太空中心陷入恐慌，」蘇麗文說：「男性世界的回應是，『嗯，沒關係，給她們打針，讓經期晚點來。』女太空人們聽到之後面面相覷，『你們在說什麼鬼話？』」最後工程部終於同意，將衛生棉條加進備品包裡。蘇麗文第一次打開她的備品包時，看到每個衛生棉條都已經從原本的包裝紙袋中取出，並重新以防火塑膠套密封。高溫密封過的衛生棉條，每一個塑膠套都和下一個連接在一起。結果她才拉開第一個，接連在後的一長串紅色小塑膠套全跟著爆開，彷彿她正在放鞭炮似的。為了讓一個女人在太空中待上幾天，工程部準備了數百個衛生棉條。「我彷彿在演一場荒謬的舞台劇，」她說：「爆炸聲此起彼落響個不停，天知道一共爆開了多少衛生棉條。」

最後，工程師們終於願意和女太空人坐下來好好討論。

「那……一百個夠嗎？」他們問。

關掉恐懼情緒，從太空人到……商務部

蘇麗文很擔心美國太空總署會以女性身體構造不同為藉口，「在男太空人和女太空人間訂立兩套標準」。所幸，男太空人們很快就適應和女同事一起工作。戴夫·李斯特瑪（Dave Leestma）是她分配到的同伴，兩人必須一起出太空艙、進行太空漫步。

有個故事很能代表他倆在一起時的互動方式：準備太空漫步時，首先要脫下衣服，穿上重達一百公斤的太空衣裡的第一層貼身通風降溫液態衣。實驗艙裡擠滿了男工程師。「我突然意識到每個人都到此時才發現情況和以前不同了——現在有個女人混在裡頭。」蘇麗文在美國太空總署的口述歷史訪問中說：「於是我看著戴夫，然後說：『戴夫，讓我告訴你遇到這種尷尬狀況時，我心裡的想法。』他很明

顯地覺得不好意思。我告訴他：『我什麼想法都沒有。』他說：『好吧。』然後我們開始脫衣服。」

蘇麗文對性別引起的不便，全然不放在心上，她只想趕快出太空艙去看看宇宙，「親眼目睹，而不只是看雜誌上的照片。」她等不及要進行她的任務，所以她從來不曾抱怨過她的太空衣。「只有大、中、小三種尺寸，不是量身訂做的，」她說：「我的膝蓋從來不會落在太空衣膝蓋的位置。而且太空衣很硬，不易彎曲，移動時要花很大的力氣。當我需要彎曲雙腿時，我就得和額外的阻力對抗。」等到她發現她的太空衣怎樣都不會合身時，美國太空總署告訴她沒有其他選擇。「我不想讓他們覺得『看吧！我們早說過女人就是會找麻煩。』於是我決定忍耐，再不舒服也得吞下去。」但是，她的太空衣不只不舒服，而且很危險。有個工程師曾在實驗艙裡打開太空衣的緊急氧氣筒開關，沒想到太空衣立刻爆炸燃燒，成了一顆大火球。蘇麗文之後回想：「當時的情況就像是你的車在漏油，而你踩在漏了一地的汽油上，隨時可能爆炸。」

一九八四年十月十一日，挑戰者號太空船載著她在高空繞行地球軌道。她等著要出去漫步。當他們在地球模擬這個時刻時，他們在地板上放了一個裝滿水的烤盤，向太空人們展示如果你的太空衣出了差錯，你的身體內的液體可能會變成什麼樣子。壓力下降時，烤盤裡的水像被煮沸似的劇烈冒出泡泡，但是兩秒後，所有的水都被凍成冰塊。只是一眨眼的功夫。「千萬別把面罩打開！」他們說。

任務是如此複雜，事實上，根本無法事前考慮到所有可能害死你的變數。她此刻在氣閘艙裡飄浮，而她所搭乘的這艘太空船上的O形環在不久之後將會成為這個論點最有名的例證。十五個月後，美國太空總署不顧工程部門低溫會導致O形環喪失彈性、無法密閉、造成高溫氣體洩漏的警告，強行發射挑戰者號，結果太空船爆炸，導致裡頭的太空人全數喪命。

後來有人問她，為什麼她似乎從來不會害怕，蘇麗文是這麼回答的：她在大學時代曾經和男朋友去大峽谷附近的森林探險。他們選了一條狀況相當差的小路，走到最後進退維谷，他們只能從跳上一塊很窄的突出岩石或滑下極陡的山坡中選一個。只要一沒踏穩，她就可能會失足墜谷。「我承認我雙腿發抖，膝蓋互撞，我記得我在心裡想：我還不想死。」然後她就鎮定下來了。她發現自己擁有關掉恐懼情緒的驚人天賦。她指出，其實所有的太空人都有這種天賦。「如果你會怕，我就不要你在這裡礙事，」她說：「現在你在這裡，你就要全心全意、全神貫注地在這裡。這是戰鬥。你可以在之前覺得害怕。在之後覺得害怕。但是，當你在這裡時，你不可以害怕。」

她穿著太空衣待在挑戰者號的氣閘艙裡，氣壓逐漸被排出去，她一點都感覺不到有什麼異樣。這反而讓她覺得奇怪，就像之前還在地球時一樣。「我一直在想，這房間在沒有空氣之後看起來不是應該要不一樣嗎？可是沒有啊！根本沒什麼不同！」她拉著扶手移動身體，打開艙門。她伸出頭窺視宇宙。然後她探出身體，將自己的拴鏈扣在太空船外的勾子上，才轉身解開原本扣在氣閘艙內勾子上的拴鏈。「登山入門課的第一重點。」她左右手輪流使力，帶著以兩萬八千公里時速繞行地球的身體出發，向世人證明在太空中為衛星補充燃料是可行的。於是，她成了第一位在太空中漫步的美國女人。

她在太空中踏出的第一步，從此跟著她一輩子。雷根總統邀請她到白宮參加晚宴，將她的位子排在自己座位旁。各大企業爭相提供優渥薪資延攬她。全美國的公民團體頒給她許多榮譽獎章，請她去演講，分享她的故事。感覺上全長島（Long Island）的人都認識她了，因為她在太空漫步時忍不住往下望，脫口驚呼：「你看！那是長島呢！」她可以選擇要怎麼利用她的經歷。「你可以光靠分享這段經歷吃吃喝喝一輩子，」她說：「可是，我覺得那太膚淺了，我想做點更有意義的事。」

之前帶領她拒絕傳統「女孩」角色的內省過程，再一次帶領她走出「女太空人」的光環迷思。她兩度再訪宇宙，又多繞行地球幾百圈之後，在一九九〇年代初期退役轉換跑道。現在她是舉國皆知的名人了，她得決定要怎麼好好利用這一點。她想要另一個能讓她覺得重要的任務，就像她剛完成的那個一樣。她想要研究地球科學，想要研究會對人類產生巨大影響的科學領域。這些都不意外。

真正令人意外的是，最後讓她找到新使命的地方，居然是……美國商務部。

什麼？全球氣象數據居然存在商務部電腦裡？

除了蘇麗文，約莫同一時間，ＤＪ．帕蒂爾（DJ Patil）也「進」了美國商務部，只是當時他自己還不知道。

事實上，當時他人在馬里蘭大學（University of Maryland）的校園裡，正在攻讀數學博士學位的他，在美國政府的電腦系統中發現一個沒人知道的漏洞，並從中取得他所需要的資料，而他所取得的資料——和其他許多政府資料一起——正是存放在商務部的電腦系統裡。至於為什麼是商務部？他當時也沒想那麼多。

當時，他的指導教授正是提出「混沌理論」的詹姆士．約克（James Yorke）博士。「混沌理論」的概念很簡單：許多微小到我們幾乎不會注意到的事，可能引發一連串的反應、導致極為嚴重的後果。舉例來說，如果你的父母在他們應該相識的那天錯過彼此，後來會如何呢？

帕蒂爾回顧自己的人生，發現許多重大關鍵，幾乎全與他小時候一件小到沒人注意到的小事有關：他會弄反數字的順序。當你會將「16」看成「61」時，在學校當然會出問題，也因為在課業上跟不上，他開始將自己的精力轉向其他地方。接著，在看了一堆間諜電影後，他逐漸對開鎖產生興趣，他學會打開其他學生置物櫃上的鎖，將裡頭的東西互換後再鎖上——不是想偷東西，就只是想玩玩。然後為了好玩，他開始扒別人的東西。他會從沒有戒心的大人口袋裡取走鑰匙，移動他的車，然後悄悄將鑰匙放回主人的外套口袋。他在八年級時駭入英文老師的電腦更改成績，一直沒被發現。

九年級時，他惡作劇不慎導致起火，燒掉矽谷上流社區裡的一大片山坡地，這回他就真的被警察逮捕了。地主同意不起訴帕蒂爾，交換條件是他必須在接下來的兩個月內親手將山坡地恢復原狀。在他努力種樹植草期間，他因在英文教室點燃臭氣彈而被英文老師停學，兩個月後又被數學老師趕出教室……，不過到了此時，似乎也無關緊要了。一個心軟的學校行政人員將他被當掉的某科成績改成丙後，他才能從高中畢業。對他的前途大家都不看好，連他都不敢肯定自己會不會走上歧路。

後來他進入迪安薩社區學院（De Anza Community College）就讀，選修了微積分，而且非常喜歡。不只是喜歡，他發現自己在這方面有極高的天賦。這門微積分課，也成了他生命裡另一個後來產生巨大影響的微小事件。他到馬里蘭大學攻讀博士學位時仍然熱愛數學，但是，對如何應用數學的興趣更大。他想找出方法，以數學分析人類和大自然中許多難以理解的現象。「我對自然界的運行模式深深著迷，」他說：「而我需要可以了解它們的工具。對我來說，數學是最合理、最實際的選擇了。」

所有自然界的現象，都能以混沌理論歸納出模式，並加以解釋。混沌理論可以套用在加州沿岸沙丁魚數目的驟減上，或是南加州的莫哈韋沙漠（Mojave Desert）緩慢移動的石頭。「真是太神奇了，這些石頭是怎樣移動到那麼遠的地方呢？」理論上，新數學可以歸納、解釋這些現象，實際上沒有任何人有足夠的岩石移動或沙丁魚大屠殺的資料，來進行研究和判讀。不管想研究的是塞車、美國西部野狼和鹿數量的起落循環，或其他數不清由微不足道的小事引發的大事時，都會遇上同樣的困難。理論上可以解釋的混沌理論，實際上很可能因資料不足而難以進行。

在偶然的機會下，他的興趣轉移到氣象。他從小對氣象有興趣，但從沒想過可以研究氣象，直到他發現美國政府擁有極大量珍貴的天氣數據。

這些資料全存在美國國家海洋暨大氣總署的電腦系統裡，而這個機構是美國商務部的一部分，不過當時他還不知道。他只是單純地駭進美國政府的伺服器，在裡頭尋找寫博士論文所需要的資料。「但我找到唯一能用的，就只有氣象資料。」

還記得嗎，小時候的氣象預測有多麼不準……

第二次世界大戰結束後，天氣資料的收集成了國際合作和全球公益精神的最佳典範。每一天成千上萬的業餘氣象觀察家，以及許多在航行的商用飛機和海面船隻上收集資料的氣象專家，都會將結果回報給他們政府。每一天，都有將近九百個氣象氣球從全世界九百個不同地點升起，其中九十二個屬於美國政府。包括美國在內的六個國家，在海面上部署了好幾千個天氣觀測浮標。還有價值數十億美元的人造衛星和精密雷達站——光是美國國家氣象局就擁有一百五十九個高解析度的多普勒（Doppler）雷達站。

美國和其他國家分享氣象資料，其他國家也和美國分享它們收集的資料。但是，在帕蒂爾駭入美國商務部的伺服器的一九九六年，即使是最厲害的駭客也無法輕易取得這類的氣象資料。帕蒂爾說：「這些資料並不對外公開，只是他們的電腦系統有漏洞。」沒想到，他透過那個漏洞所取出的資料，多到馬里蘭大學數學系的電腦無法負荷，於是帕蒂爾只好在校園裡尋找其他能夠借他使用的電腦。「取得歷史資料之後，我們便能進行分析，」他說：「這就是網路的原始概念。我就是那樣的人。我沒有超級電腦，所以偷完資料後，我還得去偷電腦。」

每天晚上八點，等其他人離開後，他開始工作，直到隔天早上七點才休息。他偷到足夠的記憶容量儲存他借來的寶藏。「那是我在學術圈出名的原因。」他說：「我成功下載了國家氣象局的資料。」

他分析資料，注意到兩件極為明顯的事。第一，氣象預報進步的速度，超乎外界的想像。雖然大家不太關心，但在歷史上這是頭一回氣象專家真能為世人帶來實際幫助。第二次世界大戰前的氣象學，其實和十九世紀的醫學相當類似：對專業知識的需求太過強烈，導致供應方不得不裝模作樣，甚至昧著良心亂講一通。直到一九七〇年代，氣象預報員都是在看完資料後，以自己的經驗和判斷提供預測。通常只能看到三十六小時之內會發生的事，而且還說得模模糊糊的——「這三州某些地方會下雪」之類的。有很長一段時間，天氣在理論上是可以預測的，預測的方法大家都很清楚，但是，沒有人能夠真的做出準確的預測。

到了帕蒂爾下載那些資料時，氣象數據在實際應用上已經進步到讓理論專家大吃一驚。一九九三年三月十二日，美國東部遭到「世紀暴風雪」的攻擊，暴風雪威力驚人，揚起的海浪甚至打沉墨西哥灣（Gulf of Mexico）裡一艘長達六十多公尺的大船。大雪的重量壓垮南方各州的房屋屋頂，暴風奪走好幾十條人命，美國東海岸所有的交通全部被迫中斷。

這場暴風雪和過去的暴風雪最大的不同，在於：氣象專家在暴風雪來臨前，就成功預測了暴風雪的發生。美國哥倫比亞廣播公司（CBS）的晚間新聞在報導完德州韋科鎮（Waco）大衛教派（Branch Davidian）營地圍攻事件後，美國國家氣象局的路易士・烏切利（Louis Uccellini）在攝影機前，警告民眾即將登場的這場恐怖大威脅。

當時，電視新聞主播還以輕鬆的態度開氣象專家玩笑，甚至以「氣象預報員說的九成都不準」來收尾。不幸的是，這一次預言成真了。

美國國家氣象局將資料輸入電腦預測模型，在颶風觸及美國之前五天，便成功預測出它生成的地點和強度。「這是前所未聞的，」烏切利說：「當我在一九七〇年代進入氣象局時，國家明白禁止我們預測任何極端事件。你怎麼可能在暴風雪生成前就看得到它？但是這一次，許多州在第一片雪花落下之前，便宣布進入緊急狀態。我們看得目瞪口呆，我們坐在那裡，簡直不敢相信自己推動的成果。」在這場「世紀暴風雪」過去六年後，烏切利以「二十世紀人類重大的智慧成就之一」，來形容自第二次世界大戰結束後，氣象預測的突飛猛進。

令人意外的是：一般人幾乎沒注意到這項成就。原因之一，可能是剛開始的時候，大家看不出來有什麼不同——不是前一天人類無法預測天氣，而隔天就能預測得百分之百正確。它的發生是漸進式的，你可以看到統計圖上代表氣象預報的黑點準確度愈來愈高。兩者之間的差異就像普通的二十一點玩家和會記牌的二十一點玩家，只要時間夠長，有技巧的玩家贏莊家的可能就愈高，只是短時間內卻看不出來。

帕蒂爾卻從資料中看到氣象預測的進步過程，而且認為這是件重要的大事，一件改變世界歷史的大事。你可以在這裡明顯地看到混沌理論，可以回溯歷史，推論如果我們預測氣象的能力在當時好一點或差一點，結果會有何不同。「因為沒預測到沙風暴的來臨，所以拯救伊拉克人質的任務失敗了，」帕蒂爾說：「而科索沃（Kosovo）空襲之所以打得如此有效率，則是因為我們知道接下來會萬里無雲。」你可以隨手選擇任何一件極端氣候事件，想像一下如果人們事先知道，後果會有多麼不同。一九〇〇年襲擊德州加爾維斯敦島（Galveston）的颶風在沒有警告的情況下登陸，死亡人數之多，到現在都沒人能統計出真正的罹難人數，可能是六千人，也有可能是一萬兩千人。如果他們能有他們孫子輩的氣象資訊，那些人可能一個都不會死。

天有不測風雲，有時候預測兩天，有時候預測十四天

另一個生活中可以印證混沌理論的例子是：如果我們能提高預測天氣的能力，即使只有一點點，都可能產生影響深遠的連鎖反應。氣象本身就很符合混沌理論的概念，地球上某處天氣狀況所發生的極小改變，可能就會導致另一個地方的重大變故。

帕蒂爾身邊的氣象專家都明白這個道理，問題在於要如何運用？剛好馬里蘭大學大氣科學系發展出新的預測技術，也讓美國氣象局跟著修改原本的模型。在一九九二年十二月之前，氣象專家只是單純地將風速、氣壓、海洋溫度之類的資料輸入

他們的預測模型，然而，在地球上大部分的氣候狀態並未受到監測，許多被輸入模型的資料其實是推估的，因為你不可能真的知道地球上每個地點的風速、氣壓、溼度之類的所有數據。

換句話說，真正完整的數據並不存在。馬里蘭大學和另外幾個單位所採取的做法是：每一次只微調一個極小的氣候狀況條件，然後一次又一次的重複執行天氣預測模型，在合理的範圍裡改變一點點氣候狀況條件，例如風速變快或變慢，三千公尺的氣壓變大或變小，或者改變海洋溫度，或者任何看起來合理的調整等等。至於如何調整，每個人的設定都不一樣，就這樣重複二十次之後，你會得到二十個不同的預測結果。而同時有多組預測，會比單一預測產生更貼近實際的結果，因為它將每個不確定性都包括在內了。這一來，雖然你不能肯定「颶風會襲擊這裡」，也「不知道颶風會往哪兒去」，但你可以說「我們不敢肯定颶風的確切動態，但我們可以提供你幾條颶風的可能路線，讓你做決定。」

這種被稱為「系集預測」（ensemble forecasting）的新技術，在進行每一次氣象預測（不只是颶風而已）時，都可以將各種不確定性考慮在內。當所有以系集法做出的預測，都告訴你「即將有暴風雨來襲」，這可能意味著暴風雨來襲的機率非常非常高；但如果有些系集預測告訴你「周六根本不會下雨」，另一些則預測「暴風雨一定會來」，那就意味著其中仍有變數。氣象預測本來就該反應出這種不確定性，「為什麼報紙上刊登的天氣預報總是固定未來五天？」帕蒂爾說：「它應該有時候只給我們兩天，而有時候給我們十四天。」

在帕蒂爾發現政府電腦系統資料庫的安全漏洞時，美國氣象局已經採用集成預測技術，每天所產生的預測報告遠比之前的多。有些時候預測結果會大致相同（也就是當你輸入稍微不同的天氣現況估計值，並不會導致未來天氣起什麼大變化），然而，有時候預測出來的結果卻大不相同。氣象的變化有時非常複雜，有時又很單純。

帕蒂爾很快就發現，「不穩定」和「嚴重程度」並不相關：有時候，所有預測結果都推論即將產生五級颶風，這個颶風從頭到尾就是五級；但有時候卻未必如此。「為什麼有時候所有的預測都會看到強烈暴風雨的來襲，但有時候預測的結果卻又意見分歧呢？」他問。為什麼有時候我們能準確預測天氣，有時候又不能呢？或者就像帕蒂爾說的：「為什麼一隻蝴蝶在巴西揮動翅膀會（或不會）導致奧克拉荷馬州產生龍捲風呢？」

他分析手上美國政府的資料，提出一個全新的構想：氣象的「可預測性」本身可以被量化。「大家都知道氣象系統非常複雜，」他說：「問題是：到底有多複雜？我們應該要有評估的能力，知道這個預測極有可能嚴重失誤，而那個預測很穩定、沒有問題。」最後他所完成的論文，提出了一套新的統計指標：如何在任何時刻掌握天氣的「可預測性」。

二〇〇一年夏天進行博士論文口試時，帕蒂爾非常驚訝於美國政府數據竟如此好用。「身為博士班研究生，通常只會想『希望不要寫太爛就好』，你不會期待自己做出的東西真的有什麼用。」他不是氣象專家，卻為氣象預測找到新的指標。與此同時，他也發現自己有了一項新的愛好：數據。

九一一恐怖攻擊事件後，帕蒂爾想將大數據的分析應用在現實世界的欲望愈來愈強烈。「我覺得這件事和數據分析失敗脫不了關係。」他說：「如果我們事先知道如何在重要訊號出現時，就將它和其他不重要的雜訊分離出來，那麼我們就能預防悲劇了。其實，光是分析恐怖分子的信用卡使用狀況，就一定會發現他們很可能正在密謀什麼壞事（例如你會發現，為什麼突然間這些傢伙全都花錢去上飛行訓練課）。

「其實，要製造數據裡的假雜訊非常非常困難，」他說：「你也許想假裝自己是美國人，但只要你有用信用卡，就很容易穿幫。」

現在他最關注的問題是：如何利用大數據，找出可能危害美國國家利益的潛在威脅？

google 拒絕他，Yahoo！也不要他，結果他成了首位「數據科學家」

這時已經成了馬里蘭大學博士後研究員的帕蒂爾，參加了一個由「威脅降低管理局」（Defense Threat Reduction Agency）舉行的座談會。這個隸屬美國國防部的機構，負責保衛美國對抗大規模毀滅性武器的攻擊。他們想更了解恐怖分子的聯絡網，尋求破解的方法。「聽他這麼說，我心裡想：不對，」帕蒂爾回憶：「你以為只要破解了對方的聯絡網，就能摧毀對方整個聯絡網？恐怖分子的聯絡網的結構穩不穩定？這其實和我在分析天氣預測的情況非常類似。」他認為，「一個」恐怖組織聯絡網，就像單獨的一場大雷雨，也許不容易研判，但若是「一組」恐怖組織聯絡網，或許破解難度較高，卻能用混沌理論來歸納與分析。

於是，他加入了國防部。原本他以為，他會在辦公室研究恐怖分子的聯絡網，尋找並歸納模式，沒想到國防部居然不要他釘在電腦前工作，而是派他去前蘇聯分裂後的兩個國家追蹤並了解俄國人留下的生化武器。「他們告訴我，『我們需要你去烏茲別克（Uzbekista）和哈薩克（Kazakhstan）。』當時我心想，我只是個數學家啊！於是我問他們，為什麼派我去？他們說，因為我是醫生（doctor）。我說，我是博士（doctor），不是醫生！他們說：哎呀都一樣啦！」在那之後，他們又派他去過伊拉克協助重建當地教育系統。這些任務都很有趣，而且大部分非常有用，卻無法實現他想將大數據分析應用在現實世界的渴望。「他們還不明白，可以如何利用資料分析來改變世界。」他說。

不久之後，他回到從小生長的北加州矽谷，但是，他沒有想到連在全世界科技最進步的灣區，數據分析仍然不受重視。當時，即使在矽谷，他還是找不到他想要的資料分析工作。「我努力尋找我能貢獻所長的地方，」他說：「Google 不要我，Yahoo！也不要我。」他媽媽認識 eBay 裡的人，於是透過關說，帕蒂爾終於開始在 eBay 上班。他試著說服他在 eBay 的上司，讓他利用手上現有的資料找出偵測盜用信用卡的新方法，但是被拒絕了。

最後他換到 LinkedIn 上班。LinkedIn 是家新創公司，讓求職者將簡歷上傳到公司網站，幫助他們建立屬於自己的人脈。他的新老闆要他負責帶領「分析和數據產品部」，在那裡，他第一次找到能夠理解他的想法、分享他願景的知音。「當初用來辨認恐怖分子的工具，也可以套用在工作技能上，」他說：「你可以將 LinkedIn

的用戶引導到相似技能的聚集處，找出他們在社會上可能的歸屬點。例如，你曾經在軍隊裡接受過爆炸性軍械處理的訓練，那麼也許你會很適合在礦業公司上班。」這就是他在 LinkedIn 創造的分析系統所做的事——他真的幫過一位退伍的炸彈專家，在一家礦業公司找到設置爆炸物的工作。

沒想到，短短兩年之後，資料分析從乏人問津搖身一變成了當紅炸子雞。從政治競選團隊到職業棒球隊的經理，都想搭上這股數據分析的熱潮。

帕蒂爾在 LinkedIn 帶領的團隊裡，如今頭銜愈來愈多，雖然每個職位做的工作都很類似，但名片上印的頭銜卻五花八門，有分析師、商業分析師、資料分析師、研究員等等。人力資源處向他抱怨，公司裡資料處理相關的職稱過多，而公司股票即將上市，他們想要交出一張看起來比較乾淨的組織架構圖。有一天，帕蒂爾和一位在臉書擔任相同職位的朋友吃飯時，發現兩人竟然面臨同樣的問題：這些專門處理資料的人，該賦予什麼樣的職稱呢？

「數據科學家。」那位在臉書上班的朋友提議：「我們不是想創造出一個新領域，只是想讓人力資源處別再來煩我們。」帕蒂爾說。於是，他將幾個還在徵人的職位改成「數據科學家」，結果申請人數居然因此暴增——看來，大家都想當「數據科學家」。

二〇一四年秋，他接到一通來自白宮的電話：歐巴馬總統即將造訪舊金山，想跟他見面聊聊。帕蒂爾說：「他在競選時看到了數據分析的力量，他曉得這是一個可以用來改造美國的新機會。」當白宮官員問他想不想帶太太一起去時，帕蒂爾已經隱約感覺到歐巴馬並不是單純地想和他「見面聊聊」而已。八年前那個在矽谷找不到工作的小伙子，如今成了美國總統想積極網羅的人才。

歐巴馬想要他去做的事，讓他難以拒絕。但當總統正式問他是否願意搬到首府華盛頓時，帕蒂爾的太太開口了，「數據真的那麼有用嗎？」她問。歐巴馬說：「如果你的丈夫真的有大家說的那麼好，他會想辦法的。」聽了這句話，帕蒂爾自然就更難拒絕了。

帕蒂爾搬到華盛頓。他的任務是想出如何更有效利用美國政府收集來的數據。

他的職稱為「美國首席數據科學家」，而且是第一個坐上這個職位的人。上任之後，他的第一通電話打給了美國商務部，安排和部長潘妮．普利茨克（Penny Pritzker）、美國國家海洋暨大氣總署署長蘇麗文見面。她們很高興見到他，但同時也對他的造訪感到吃驚。帕蒂爾說：「她們似乎對我去找她們有些不知所措，我對她們說：我是分析資料的人，而妳們是資料庫的主管機關。巨量資料都存在妳們這裡。然後她們面面相覷：『資料是在我們這裡沒錯，可是你怎麼會知道？』」

我以為商務部是管商業活動的，沒想到竟然是……

如同美國政府底下其他許多部門一樣，「商務部」這名稱，嚴重地名實不副。「商務部」主管的業務，大多和商業沒有任何直接關係，事實上，法律甚至明白禁止它涉入商業活動。

這個部門，肩負著美國人口普查的任務。它收集並分析所有美國經濟指標，幫助我們掌握整個國家的經濟概況。它旗下有專利商標局（Patent and Trademark Office），追蹤各項發明。另外，它還有個鮮為人知，但影響巨大的單位：美國國家標準暨技術研究院（National Institute of Standards and Technology），裡頭雇用了好幾個諾貝爾獎得主。

在商務部每年九十億美元的經費中，光是美國國家海洋暨大氣總署就占用了五十億美元，其中一大部分是花在天氣預測上。每一天，美國國家海洋暨大氣總署收集兩次資料，而每次收集的資料數量，和國會圖書館裡所有的藏書加起來一樣多。

「商務部是最受大家誤解的部門，因為每個人都以為它和做生意有關，」歐巴馬政府前任商務部代理部長、現任威斯康辛大學（University of Wisconsin）校長莉貝卡．布蘭克（Rebecca Blank）說：「它提供的『公共財』（public goods）的確對企業幫助很大，但並不等於它直接負責主管商務活動。每一個來接任的部長，剛開始都以為商務部就是做生意的。事實上，貿易大約只占商務部業務的百分之十。」

商務部真的應該考慮正名為「資訊部」，或是改成「資料部」也可以。

不過，關於「認識美國政府」這件事，川普的意願不高，就算在他知道他即將當總統之後也一樣。

總統大選隔周的星期一，發生在其他美國政府機關的事也同樣發生在商務部，那就是：什麼都沒發生。好幾十位公務員等著向新政府開會做簡報，但等了一整天，沒半個人影出現。

商務部的員工原本以為，川普的團隊會派出交接小組來認識各單位的運作。過去八年中所有困擾歐巴馬的問題，接下來就要變成川普的問題了，但是，他底下的人似乎一點也不關心。「他們完全沒有派人來，」一位商務部資深官員說：「似乎對我們所有的一切都不感興趣，包括最重要的美國人口普查——好像他們一點都不在乎。他們只問了貿易相關的話題，還問了商務部一共有多少員工。」

直到一月初，還是沒人來交接美國國家海洋暨大氣總署，沒人知道下任署長是誰，沒人知道商務部下一步該怎麼辦。

其實，早在十一月月底，川普曾提名七十九歲的華爾街億萬富翁威爾伯・羅斯

（Wilbur Ross）出任商務部長。兩個星期後，羅斯來和潘妮・普利茨克開了一次會。「他自己一個人來，」負責接待他的人回憶：「我大吃一驚，一位非常老的老先生獨自走進來，而且他顯然完全不曉得自己踢到什麼鐵板，也沒帶任何助理來。」

不過，他很快就踢到更麻煩的鐵板：消失的二十幾億美元。《富比士》（*Forbes*）雜誌記者丹・亞歷山大（Dan Alexander）仔細研究羅斯在入閣前交給政風辦公室（Office of Government Ethics）的財產申報書，發現羅斯申報的數目和他多年來告訴《富比士》雜誌記者的數字天差地遠。原本說有三十七億美元，怎麼申報時卻只剩七億多美元？

過去十三年，羅斯每年都會將財產清單寄給《富比士》雜誌，以確保自己在雜誌的「全美年度四百大富豪排行榜」上占有一席之地。羅斯告訴《富比士》雜誌，他的身價高達三十七億美元，不過，由於他無法回答《富比士》雜誌提出的某些質疑，所以最後《富比士》負責排名的編輯採取比較保守的估計，將他的財產減為二十九億美元。

亞歷山大是《富比士》雜誌負責編輯富豪排行榜的工作人員之一，他手上有雜誌社的所有檔案。「我覺得很奇怪，」他說：「數字相差這麼多，讓我心裡很不舒服。我打電話給羅斯，想聽聽他的解釋。」羅斯宣稱，原因很簡單：因為他在選舉之後、就職之前，將二十億美元的財產交付給為他的繼承人所設立的信託帳戶。

剛開始，亞歷山大以為是羅斯申報不誠實，故意向美國政府隱匿財產。但在他重新檢視資料之後，他才發現根本是羅斯過去一直在故意誤導《富比士》。「我找出以前的檔案，」亞歷山大說：「第一年我們雜誌將屬於他基金投資人的錢，誤算成他個人財產，我簡直不敢相信沒人注意到這個錯誤。他純粹靠運氣，才擠進富豪排行榜，不然他連上榜的資格都沒有。為了讓自己留在榜上，他繼續扯謊，一扯就是十幾年。」《富比士》雜誌很習慣有錢人故意誤導他們，但幾乎所有的人都是以多報少，想盡辦法不讓自己的名字出現在排行榜上。「在《富比士》的歷史上，只有三個人曾經花了很大的力氣想登上富豪排行榜，或試圖將名次推到比他們實際排名更高的位置。」亞歷山大說：「第一個是沙烏地阿拉伯的阿爾瓦利德王子，第二個是川普，第三個就是羅斯。」

真正的醜聞，不是羅斯向美國政府隱匿二十億美元，而是他本來就沒有那二十億。亞歷山大將他發現的事報導出來之後，「我接到許多威爾伯·羅斯以前的同事和下屬的電話，告訴我，他們很開心，終於真相大白了。」亞歷山大說。一位和羅斯共事二十五年、在羅斯舊公司擔任第三把交椅的前同事公開表示：「羅斯對於自己名字在榜上，完全不會良心不安。」他說。而川普挑了這樣一個人，來掌管我們國家最完整資料庫。

這他媽的美國國家海洋暨大氣總署是什麼東西？

到了二〇一七年春，終於有一線曙光照進了商務部。川普邀請一位曾在商務部工作八年、前總統小布希（George W. Bush）的資深官員幫忙。「川普的人走進商務部，」這位小布希時代的官員回憶：「才發現商務部底下有個叫『美國國家海洋暨大氣總署』的單位，占用了商務部預算的百分之六十，然後他們說：『這他媽的美國國家海洋暨大氣總署是什麼東西？』」

這位官員飛到首府華盛頓，向羅斯介紹這個照理說他應該已經主政了好幾個月的部門。「事實上，它並不是主管貿易的機關，」他告訴羅斯：「它其實是主管科學與科技的部門，它的任務是收集巨量的資料，而美國國家氣象局則是其中最大的資料收集機構。美國國家海洋暨大氣總署同時負責管理漁業、製作海底地圖、維護船隻和飛機所收集的資料。從第三任總統湯瑪斯．傑佛遜總統（Thomas Jefferson）開始，美國便持續收集氣象和天氣資訊，只是當時直接儲存在傑佛遜總統的蒙蒂塞洛（Monticello）寓所中。沒有這些資料讓美國國家氣象局判讀，也就沒有一架飛機可以起飛，沒有一座橋可以興建，甚至沒有一場戰爭可以進行——至少無法好好地打。天氣資料同時也是氣候資料，就算你不相信地球暖化，至少應該先了解氣候是怎麼回事。」

他不可能在一次會議裡，就將所有想說的話全告訴這位新任商務部長。「美國國家海洋暨大氣總署的預算確實驚人，」他說：「它有一萬兩千個員工，而且非常分散，全美各地都有它的小型辦公室。但是，除了美國國土安全部和國防部之外，它在保護美國這件事上功勞最大。這裡有著國家第一流人才，大家都不是為了打一份工，而是為了使命感才待在這裡。」然後他問羅斯：「你的經營理念是什麼？」

「什麼意思？」羅斯問。

「商務部並不是主管商務的部門，」他說：「它掌管的主要任務是科學與科技。」

「嗯，不過，我應該不會把重點放在這裡。」羅斯說。

「很明顯，他根本沒弄清楚什麼叫做科學與科技，」他說：「他全身上下沒有一個科學細胞。」

不過，即使這樣也沒關係，就讓商務部長繼續假裝他是貿易部長好了。問題是他迫切需要真正懂得科學的人才，來填補他底下的職位。這位小布希時代的官員原本以為，這是他們找他來開會的原因——想請他幫忙物色美國國家海洋暨大氣總署適合的新署長人選。他確實認識幾位夠資格、又能和川普處得來的共和黨員，他列出一張名單交給川普祕書，建議了六位政治立場沒問題且能勝任署長職位的人。

六個月之後，二〇一七年十月，白宮宣布提名貝瑞．麥爾斯（Barry Myers）出任美國國家海洋暨大氣總署署長。麥爾斯根本不在這位前官員提交給白宮的建議名單上。

這家公司居然可以預測未來九十天的天氣，你信嗎？

麥爾斯是氣象公司 AccuWeather 的執行長。該公司是第一批營利型的氣象業者之一，由他的氣象專家兄長喬．麥爾斯（Joel Myers）在一九六二年創立。他的另一個兄弟也在公司擔任主管，外加好幾位家族成員，包括麥爾斯的太太荷莉（Holly）。目前為止，這家公司仍未公開上市，是麥爾斯家族的私人企業，所以外界無法得知它的規模到底有多大、一年能賺多少錢，以及它靠什麼賺錢。

美國參議院負責調查麥爾斯提名案的工作人員估計，AccuWeather 每年約有一億美元收入，主要來自於網站上的廣告和將天氣預測賣給願意付錢購買的公司或政府機關。曾經有氣象界的電腦專家發現，AccuWeather 一直在轉賣個資——用戶的地點資料。麥爾斯在參議院的聽證會上估計，他所擁有的 AccuWeather 股份大約值五千七百萬美元。

乍看之下，川普提名他當美國國家海洋暨大氣總署署長並不離譜：一個以預測天氣為業的人，來接掌一個以收集、分析天氣資料的單位。但是，再仔細一想，這個人選其實大有問題。

首先，麥爾斯並不是氣象專家，他甚至不是個科學家，他是個律師。「剛上大學時，我主修大氣科學，」他曾經在二〇一四年告訴《華爾街日報》記者：「然後我辦了休學，因為我成績實在太爛了，我以前對讀書一點興趣都沒有，現在回想起來覺得當時的自己好傻。」

此外，他與 AccuWeather 之間的關係，也有利益衝突之嫌。這家公司剛開始時的獲利模式，是將美國國家氣象局的資料重新包裝後，賣給瓦斯公司和滑雪度假中心。它對外宣稱，它的預測比美國國家氣象局更準確，事實上，它領先其他競爭對手的原因，並不是它預測天氣的能力有多好，而是它非常善於行銷。後來，營利型的氣象公司如雨後春筍紛紛冒出，AccuWeather 急於從其中脫穎而出，開始採取許多令人難以接受的行銷手法。

舉例來說，它在二〇一三年開始，居然發布長達四十五天的天氣預測，到了二〇一六年甚至將天氣預測拉長到九十天。「這種預測根本和看手相、閱讀星座運勢沒兩樣，一點也不科學，」任職於哥倫比亞廣播公司馬里蘭分部的氣象專家丹・沙特菲爾德（Dan Satterfield）寫道：「這種手段應該受到譴責，如果你的手機上有 AccuWeather 的應用程式，我會勸你趕緊把它刪了。」

AccuWeather 以喜歡吹噓自己「偵測」到連美國國家氣象局都沒發現的暴風雨而出名，下面是一則 AccuWeather 發布的典型新聞稿：

「二〇一八年二月二十四日晚間，數個龍捲風橫掃過下密西西比谷（Lower

Mississippi Valley）北部區域，造成巨大的財務損失，不但有人受傷，還有數名民眾因而喪生……，AccuWeather 客戶早一步收到定位精確的 SkyGuard 警報，提供他們避難資訊，給了他們比政府氣象局發布的警報或其他依賴氣象局警報的商業氣象公司所提供的警報更多的應變時間……。」

這些 AccuWeather 發布的新聞稿，都有兩個嚴重的問題：第一，外界難以確認新聞內容的真假，因為它的預測不公開，而且它的客戶姓名也不公開。第二，即使新聞內容是真的，也沒什麼意義，一個販賣私人龍捲風警報的公司，當然會選擇它想讓大家知道的預測。當它的預測準確，自然要發布新聞稿自我吹噓，當它不準時，只要默不作聲就行了。「你看到 AccuWeather 發布了好多新聞稿，但是，完全沒有實質證據，能證明他們的龍捲風預測比美國國家氣象局做得好。」ＩＢＭ旗下負責為美國大多數航空公司預測亂流的ＴＷＣ氣象公司（The Weather Company）執行長大衛・肯尼（David Kenny）說。

沒有商務部，就沒有你手機上的氣象預測

要評估哪家天氣預測公司比較準，名為「ForecastAdvisor」的網站算是最有公信力的一個。

和許多天氣研究一樣，這家網站的誕生也是無心插柳的結果。創始人埃里克·富勒（Eric Floehr）當時帶領一支軟體開發團隊，正到處找題目試驗一種新的程式語言。剛好看到各式各樣的天氣預報，發現一件有趣的事：每一家提出預測的業者，都說自己比其他人更準。「二〇〇三年，每一家商業氣象公司（AccuWeather就是一個例子）都說『我們的預測是最準的！』於是我打電話給他們說，既然你們宣稱自己的預測最準，可不可以提供一些證據？後來他們傳真了一份大學生寫的科展論文給我，但裡頭只統計了華府某一年夏季短短三個月內發表的預測。」

接下來十三年，富勒收集了八億多個天氣預報。「我很好奇，各家預測的結果真的有差別嗎？我住在肯塔基州（Kentucky）的帕迪尤卡（Paducah），請問我應該

看 AccuWeather 比較可靠，還是電視上的氣象頻道？」

結果還真的有差。

光是預測白天最高溫，有些業者的預測就是比其他家要準。但是，沒有任何一家業者的預測，持續性的比其他家好。有的公司在某些區域會比其他地方準確，有的則是一年中某幾個月會比其他月分表現更好。不過，對於在龍捲風警報、颶風行進路線預測、洪水警報或任何會危及生命的極端氣象的預測上，到底哪家公司表現得最好，我們還是不得而知，因為商業氣象公司只將這類事件的預測，提供給付費客戶。

富勒分析每一家氣象機構預測當日最高氣溫的準確度，結果發現從二〇〇三年到二〇一一年間，美國國家氣象局的預測和包括 AccuWeather 在內的商業氣象公司中最準確的一家比起來，完全不遜色。二〇一一年之後，商業氣象公司的預測稍微比美國國家氣象局的好一點點。然而，富勒表示：「如果遇到龍捲風或洪水警報，我當然還是會選擇聽美國國家氣象局的。以目前的狀況，我才不會把自己的命交給

AccuWeather 或電視氣象頻道。」

富勒的分析，也讓我們看見氣象預測近年來的兩大趨勢。第一，雖然商業氣象公司的預測比以前更準，但它仍必須完全依賴氣象局的資料才能做出預測。第二，天氣預測進步速度之快，到了讓人吃驚的地步。二〇一六年的五日預測的準確度，已經和二〇〇五年的一日預測的準確度不相上下。在過去兩三年中，終於出現了史上頭一回，當聽到氣象專家告訴你未來九天會有多熱時，他不是在胡說。

麥爾斯常說 AccuWeather 是在和美國聯邦政府競爭，若真如此，這種競爭未免也太奇怪：他創造產品時所需要的大部分原料，都是美國商務部免費提供的。沒有商務部的氣象衛星、氣象雷達、氣象浮標和氣象氣球，就不會有任何值得一聽的天氣預測，更別說要人家拿錢出來買的天氣預測了。不管 AccuWeather 和其他商業氣象公司在氣象局的預測上做了什麼微調，還是非得先拿到氣象局的預測不可。「如果美國國家氣象局不存在，所有的商業氣象公司的預測只會更糟。」大衛・肯尼說。

然而，法律禁止美國國家氣象局對外宣傳，相較之下 AccuWeather 卻一天到晚大放厥詞，到處吹牛，說自己的天氣預測多準又多準。這當然是刻意在貶損提供資料給他們做預測的人，但美國國家氣象局的專家根本不能提出抗議或表達他們的不滿。

「他們義憤填膺，怒氣沖沖地想為自己辯護，對抗這些不實的說法，我們費盡九牛二虎之力才將他們攔下來，」歐巴馬時代的商務部官員說：「他們平常從不居功，總是不斷自問要如何才能做得更好。他們心裡只在乎公眾的安全，他們加入氣象局是因為真心想為民服務，而且從八歲開始就熱愛科學和國家，絕不是為了爭名或搶功。」

但公務員們既不能也不可以為自己辯白，而美國政府部門之外又沒什麼人會站出來力挺他們。

他們硬是要把屬於人民的公共財，塞進自己的口袋裡

麥爾斯曾經在一九九〇年代，建議美國政府立法嚴禁國家氣象局，直接提供任何氣象資訊給「非AccuWeather付費客戶」（除非出現嚴重威脅人民生命財產安全）。「是否發布警報，未必得由美國國家氣象局決定，」他告訴麥肯錫（McKinsey）顧問公司：「客戶和商業氣象公司應該可以自行判斷，政府應該完全退出預測這一行。」

二〇〇五年，來自AccuWeather所在地賓夕法尼亞州（Pennsylvania）、收受麥爾斯家族大筆政治獻金的參議員里克．桑托勒姆（Rick Santorum）提案，要將上述論點立法。法案條文寫得很模糊，但意圖顯然就是要關閉美國國家氣象局的網站，並阻斷氣象局和公眾之間的任何媒介。它只允許氣象局在極端天氣事件、人民有生命危險時發出警告，除此之外都不行。問題是，一個平常被禁止預測天氣狀態的單位，要怎麼預測極端天氣事件呢？法案中連提都沒提。

試想想，這家公司所取得的一切天氣預測，完全仰賴幾十億美元人民納稅錢所收集來的資料、靠著數十年來美國稅金支持發展的氣象學研究、利用代表納稅人的美國政府和其他國家分享的國際氣象資訊，然後轉手將這些資訊微調後拿去賣錢。這樣的公司，竟然想要立法強迫美國納稅人必須付錢給他們，以獲得原本就該免費的氣象資訊？

桑托勒姆參議員的提案闖關失敗後，氣象局裡的人可以明顯感覺出來AccuWeather改變了策略。麥爾斯花更多時間直接找氣象局，想辦法擠入美國國家海洋暨大氣總署底下好幾個不同的顧問委員會。他把小布希總統任內的美國國家海洋暨大氣總署署長康萊德・勞登巴赫爾（Conrad Lautenbacher）找去AccuWeather董事會。只要看到氣象局做了什麼可能有損他利益的事，他便立刻跳出來阻止。喬普林龍捲風之後，美國國家氣象局開始著手設計手機應用程式以便更有效率地將防災警報傳遞給大眾，但被麥爾斯咆哮：「都已經有AccuWeather了，政府不應該和它競爭。」「我們不能做手機應用程式，全是因為麥爾斯。」一位美國國家氣象局資深官員明白表示。

二〇一五年，ＴＷＣ氣象公司主動提議，要幫美國國家海洋暨大氣總署把衛星資料放入Google和亞馬遜公司（Amazon）擁有的雲端硬碟。事實上，所有美國國家海洋暨大氣總署的衛星資料幾乎在進入系統後就再也不見天日。ＴＷＣ氣象公司只是想讓一般大眾可以有管道看見這些資料，但麥爾斯威脅ＴＷＣ氣象公司，如果他們真的做了，他就會上法院告他們。「這讓整件事停擺，」肯尼說：「我們願意免費將技術捐給美國國家海洋暨大氣總署，我們只是想做個科學專案而已。」

麥爾斯宣稱，美國國家海洋暨大氣總署接受ＴＷＣ氣象公司免費的時間和技術之後，可能會私下讓ＴＷＣ氣象公司得到商業上的好處。AccuWeather擔心的其實是許多人因此取得天氣資料後可能對它造成的威脅。「對有電腦技術可以自行預測的人來說，它將會是往前躍出了一大步。」肯尼說。當時一個商業部資深官員對這家商業氣象公司居然敢如此明目張膽地介入感到震驚，因為說到底，這可關係到公共安全。「基本上，你就是拿著稅金支付的公共財，限制公眾取得，只想將它賣給少數有錢人來獲利。」他說。

二〇一八年初，麥爾斯不知道耍了什麼手段，讓自己以一票之差獲得擔任美國國家海洋暨大氣總署署長的機會。他到底做了什麼以確保自己拿下那關鍵的一票，著實讓人心裡很不安，看在參議院審查他的提名的工作人員眼中更是如此。「我們幾乎沒聽到白宮有任何動靜。」其中一位參議院人員說：「倒是受雇於 AccuWeather 的公關公司，一天到晚都在這裡出沒，彷彿美國國家海洋暨大氣總署是他的客戶，感覺怪極了。」

在提名確認的過程中，麥爾斯被問到 AccuWeather 的董事會有哪些成員，但他拒絕回答，他說那是公司機密，他不能私自決定對外揭露。但其實不久之前在一場私人聚會裡，他就曾把整個董事會名單和盤托出。所以我才知道董事會中有五、六名他家族的人。他宣稱自己會將名下的 AccuWeather 股份賣掉，卻拒絕解釋他要怎麼賣、賣給誰。「他說他會賣掉名下的 AccuWeather 股份，但是，他可以用一美元的價錢賣給他哥哥，然後等他離開公職時再用一美元買回來。」政風辦公室前負責人華特・蕭布（Walter Shaub）指出。

其實，若要打敗美國國家氣象局，麥爾斯有兩種方法。第一，他可以持續做出更好的天氣預測，以超群技術贏得付費客戶的信任。第二，它得想辦法讓美國國家氣象局的預測更糟，或至少讓它變得更難取得。在麥爾斯未就任公職前，他花了很大的力氣讓美國國家氣象局看起來比AccuWeather糟。進了商務部之後，他能做的就更多了。「麥爾斯很危險，而且很特別，史考特・普魯特（Scott Pruitt，前奧克拉荷馬州總檢察長，和化石燃料業關係密切，是個不相信地球暖化的反環保人士，卻成了川普的環保署署長）完全不能和他相比。」一個參議員的工作人員說：「普魯特並不了解他想摧毀的環保署，而麥爾斯的經歷卻讓他能更有效率地拆解美國國家海洋暨大氣總署。倘若他在裡頭偷偷搞破壞，我們永遠也看不出來。」

在一份研究中，麥肯錫顧問公司預估商業氣象產業一年的收入約在二十億到四十億美元之間，而且迅速成長。這是有理由的。在一九八〇年代以來，天然災害所造成的損失每年都超過六百五十億美元。和美國國家氣象局不一樣，這些商業氣象公司在這些災難中是有經濟利益的。災情愈大、損失愈多，人們願意掏出錢來買警告的金額也就愈大。可能損失的財物愈多，購買警告的意願和肯付出的金額也就愈高。人們付出愈多錢，商業氣象公司能負擔得起捐給當選官員的政治獻金也就愈多，然後它在政治過程中的影響力就會愈來愈大。

我們不難猜測，在你只能付錢才看得到天氣預測的世界，氣象預測將如何走向殘酷的毀滅。當民間財團比美國國家氣象局更清楚颶風會在哪兒登陸時，它們會拿這個資訊來做什麼？會好心告知大眾，還是會利用它在市場上交易？如果他們搶在休士頓市民之前，獲知颶風哈維（Hurricane Harvey）將對休士頓造成傷害，他會趕緊通知休士頓居民，還是等著從休士頓的災難損失中獲利？

二〇一五年三月，美國國家氣象局沒有事先偵測到即將襲擊奧克拉荷馬州摩爾市（Moore）的龍捲風（因為這道龍捲風從形成到消失的時間非常短，當然，即便如此美國國家氣象局的人也不該犯這種錯誤），但 AccuWeather 很快發布了新聞稿，吹噓自己在龍捲風襲擊摩爾市前十二分鐘就警告了它的付費客戶。問題是：唯一收到警報的，只有AccuWeather的付費客戶，至於沒付錢給它的人，死活不在AccuWeather的考慮範圍內。龍捲風在摩爾市肆虐的那一刻，AccuWeather在網站上播放的影片是……河馬在游泳。

讓麥爾斯主管美國國家海洋暨大氣總署，等於是給了他控制美國政府收集的最有價值、最有用的資料的權力。「站在國家的觀點，讓愈多人愈容易取得氣象資料，絕對是件好事，」這位前官員說：「那裡頭埋藏著許多寶藏，只是人們還不知道該如何挖掘。」

政府手中的數據，就是人民日常生活的縮影

二〇一四年，帕蒂爾搬到華盛頓。歐巴馬總統在二〇一三年堅持將政府所有非機密資料放上網路，並製作成可供機器判讀的格式，方便一般大眾取得。對帕蒂爾而言，當他老闆離開白宮的那一天，他也得跟著離開，所以當時他只剩差不多兩年

時間。他說：「我們沒有時間收集新的數據，只能集中精力在現有的數據。」他開始為數據和懂得數據意義的人之間建立橋梁，鼓勵他們以任何有趣、甚至天馬行空的方式使用數據。「我想要找的是像我念書時那樣的人。」他說。

拿鴉片類藥物被濫用的現象來說，就是個典型例子。美國衛生及公共服務部（Department of Health and Human Services）公開聯邦醫療保險（Medicare）和低收入戶政府醫療補助（Medicaid）的資料，其中包括了處方藥物的數量。非營利新聞網路媒體《*ProPublica*》的記者們仔細檢查資料，發現鴉片類藥物的使用量高得不合理。「要不是這些數據，我們永遠不知道美國正面臨鴉片類藥物泛濫危機。」帕蒂爾說。

美國政府手中的所有數據，其實就是美國人日常生活的縮影。經濟學家拉傑·切蒂（Raj Chetty）帶領一支史丹佛大學研究團隊，利用最近才公開的美國國稅局資料寫了一系列關於美國社會問題的論文。他在其中一篇命名為《褪色的美國夢》中提出一個簡單的問題：美國兒童長大之後，能過得比他父母更好的機會有多大？

美國國稅局的資料，讓切蒂得以研究跨時代的美國人的收入，而美國人口普查的資料，則讓他可以比較種族、性別等背景之間的差異。他從資料中找到問題的答案，並且發現了許多意外的資訊。例如他發現，在一九四〇年代出生的小孩，超過九成都比父母賺得更多；但是，在一九八〇年代出生的小孩，只有五成做得到。每一年，美國孩童的經濟前景都比前一年更黯淡一點。

最大的問題並不是愈來愈低的經濟成長率，而是財富分配不均的狀況愈來愈嚴重。愈來愈多的金錢流向本來就在金字塔頂端的極富階層，更糟糕的是，財富的流動方向和種族有很大的關係：一個出生在全美前百分之二十高收入家庭的白人小孩，長大後「留在同一階層」的機率，是「跌落低收入階層」的五倍；但一個出生在全美前百分之二十高收入家庭的黑人小孩，長大後「留在同一階層」和「跌落低收入階層」的機率卻差不多。

隨著一般民眾能更容易取得數據之後，許多帕蒂爾原本想像不到的美國問題也紛紛浮上台面。而且透過資料分析，至少大家能對問題有進一步的了解，也能想出更具體的可能解決辦法。

例如，警察武力不當使用的問題，就是一個好例子。在密蘇里州弗格森（Ferguson）發生白人警察槍殺手無寸鐵的黑人後，白宮召集美國十大城市警察首長帶著資料來開會。帕蒂爾認為，警方手中的資料大多是地方性的，而且不易取得。他想讓他們看看如果由政府來收集那些資料，或許可以做到什麼現在做不到的事。「我們的問題是：警察武力不當使用的原因是什麼？」

結果，綜合美國十大城的警方資料，來自數個美國大學的研究團隊發現了一個一般人看不到的行為模式：一個剛處理過讓人情緒激動的案件（如自殺、虐待兒童、家暴案等）的警官，比較容易不當使用武力。換言之，之所以不當使用武力，也許問題並非他「就是個壞警察」那麼簡單，也許和警察當時的心理狀態有直接的關係。「派遣中心沒有給他們時間平復情緒就又叫他們出任務，」帕蒂爾說：「只要讓他們稍微休息一下，也許他們的處理方式便會大大的不同。」

另外，有一位白宮年輕人，則是攤開警察臨檢的資料檢視。他發現，黑人駕駛被臨檢的機率並不會比白人駕駛高，不過，接下來發生的事卻不大一樣。「黑人駕駛被搜索的機會大很多。」帕蒂爾說。然而，他也注意到另一個現象：並非所有的警察都抱持相同程度的種族歧視。少數南方城市的警察搜索黑人駕駛的次數，是搜索白人駕駛的十倍。年輕的研究員在白宮將資料拿給那個城市的警察局長看。「他真的一點都不知道原來真實情況是這樣，」帕蒂爾說：「他非常難以置信。」

最後帕蒂爾承認，政府收集的資料裡居然藏著如此多的知識，連他都感到意外。「規模之大是我始料未及的。」他說。

如果你想知道當一個社會讓人民自由取用數據，會發生哪些改變，那麼大衛・弗萊柏（David Friedberg）將是你最好的起點。

天氣保險，是不是門好生意？

二〇〇六年弗萊柏下班後，從山景城（Mountain View）開車回他舊金山的家。

他在雨中行駛，注意到人們在下雨時的行為和平時不同。天氣變化，確實會對各行各業造成影響，只是這一點在他上班的 Google 比較看不出來。

吸引弗萊柏目光的，是英巴卡迪諾（Embarcadero）大道上靠近灣畔購物中心（Bayside Village）的自行車租借公司。只要一下雨，它的生意便很明顯地一落千丈。

弗萊柏五年前從加州大學柏克萊分校（University of California–Berkeley）畢業，主修天文物理。他二十七歲，但如果我告訴你，他今年才十六歲，你也會相信。住在矽谷，又在 Google 上班，他自然而然開始思考：「如果我拿到數據，將氣候風險數量化，我就能把天氣保險賣給需要的商家。」包括滑雪度假中心、航空公司、水電公司、高爾夫球場、海濱假期旅遊批發商……，幾乎所有行業都適用，說不定連政府機關也會有這種需求。畢竟每下一英吋的雪，紐約市政府就要多花一百八十萬美元清掃路面。

他找了幾個朋友和天使投資人募集資金，然後雇用了一群數學家收集、分析天氣資料。「數學人才什麼都能理出條理。」他說。他的數學團隊很快發現，儲存在美國商務部裡的巨量天氣資料。他們搜尋並取得美國國家氣象局兩百多個氣象站，多年來所收集的降雨及溫度的歷史數據。他們發現，美國國家海洋暨大氣總署保存了過去四十年來美國境內所有機場的降雨及溫度紀錄，就連再小的機場都找得到資料。然後他們得知，美國國家海洋暨大氣總署一共有一百五十八個氣象雷達，記錄了過去五十年來美國境內大部分的降雨量，順便也將除了雨之外從空中落下的其他東西也一併記錄下來。事實上，美國政府就是利用美國國家海洋暨大氣總署的雷達，才能找到哥倫比亞太空梭在空中爆炸後的碎片。

聯邦政府擁有的氣象資料的詳細程度，和波士頓紅襪隊（Red Sox）收集職棒選手資料的詳細程度不相上下，不過，和紅襪隊不同的是，政府並沒花力氣在找出資料裡的價值。

所有的資料帶，全被堆放在北卡羅萊納州（North Carolina）阿什維爾（Asheville）美國國家海洋暨大氣總署的地下室。為了將資料轉成他能用的格式，弗萊柏付錢給美國國家海洋暨大氣總署將資料放進硬碟裡，再運來給他。弗萊柏收到後，再將資料上傳到雲端。「那是我們的資料首次被放上雲端，」美國國家海洋暨大氣總署的首席數據官愛德·卡恩斯（Ed Kearns）說：「大衛說服了Google、亞馬遜公司和微軟將資料上傳雲端對企業是有好處的。如果我們不把資料放上去，沒有人能夠利用它再做任何事。」

當然，除了雲端電腦，也沒有別的地方放得下所有的雷達資料。然而，只要它一上了雲端，任何人都能輕易取得，也能被使用在各式各樣的目的上。例如，康乃爾大學（Cornell University）的鳥類學家，不久之後便利用這些資料來研究候鳥的遷移。

這家被弗萊柏命名為「天氣保險」（WeatherBill）的新公司，裡頭的數學團隊則用這些資料來計算幾個非常特別的狀況的天氣發生機率。「什麼是風險？」弗萊柏問：「風險就是對結果的不確定性。你擁有的資料愈少，你對結果的不確定性就愈高。」如果你是第一個搭船橫越海洋的人，沒有保險公司會願意承保你的案子。然而，如果你是第一千艘船，就已經累積了足夠多的資料可以知道某類的船表現較佳、某幾個月分航行較危險、某種船體較堅固之類的。

「我們擁有的資料愈多，愈能精確計算出某一類的天災將來發生的機率，」弗萊柏說：「但是，AccuWeather和ＴＷＣ等商業氣象公司，並不樂意看到我們取得氣象資料，所以最後我們和美國國家海洋暨大氣總署達成協議，我們不會去拿『今天』的天氣資料，只會取用歷史資料。」

天氣保險公司花了一年半，才開始正式營業。任何人都可以進入它的網站，為自己購買天氣保險。也確實有客人上門，但不是很穩定。舉例來說，美國網球公開賽向它買了下雨的保險，買到轉播權的媒體公司也做了同樣的事。「只要那小時下的雨超過百分之一英吋，依照規定就必須中止比賽。」弗萊柏說。其他有興趣的客戶包括亞歷桑那州（Arizona）的滑雪場、兩個高爾夫球場、一家巴布多（Barbados）的海邊度假中心、一家洗車行，還有一家叫「鷹嘴豆泥兄弟」（Hummus Brothers）的鷹嘴豆泥店。弗萊柏並不知道人們在下雨時比較不會去買鷹嘴豆泥，但是，自從開幕之後，他確實學到許多天氣影響人類利益的奇怪知識，例如賣生菜沙拉的店在豔陽高照時生意較佳，而咖啡店卻剛好相反。

另一件弗萊柏學到的事是：賣天氣保險，沒有他想像的那麼容易。「他以為會有很多人在網路上尋找這類商品，」其中一位和他合作過的生意伙伴說：「事實上並沒有。」

到了二〇〇八年，弗萊柏總算明白，如果他想找到那些需要天氣保險的人，他就得親身去拜訪。就在此時，他遇上了加州柑橘包裝批發商。

就在一年前，加州在二〇〇七年經歷了一場嚴重的寒害。柑橘農民透過聯邦政府獲得部分保險，可是，負責包裝和運輸水果的商家卻不能。「如果氣溫低於攝氏負二度超過四小時，就會沒有任何客人上門。」弗萊柏說。加州柑橘包裝批發商從慘痛的經驗中學會這個教訓。「然後我們改去找柑橘農民談，發現他們從政府得到的保障也不全面。」弗萊柏說：「於是我們便想：如果柑橘類的情況是這樣，那麼農產品保險的潛在市場一定非常大。」

這是弗萊柏創業路上的轉捩點。他發現受到天氣影響最深且最樂於掏出錢來買天氣險的一群人其實是農民。雖然從一七九二年開始，《農用年曆》（*Farmers' Almanac*）便提供他們當年生長季的天氣預測，不過，那些預測基本上和占卜沒有兩樣。美國農業部（Department of Agriculture）的農作物天災保險確實有幫助，卻強迫農民一定要承擔部分風險。弗萊柏看到了市場需求，卻也看到了問題：為了評估某個農夫種植的農作物的天氣風險，他們不只要預測天氣，還得將那塊農田對天氣的反應考慮在內。它的土壤是哪一種？保水力如何？說到最後，問題變成了：在哪裡可以找到這一類的資料？

有了衛星、有了ipad，將來還需要老農嗎？

再一次，他從美國商務部底下的資料庫裡發現了寶藏。

商務部轄下的美國國家海洋暨大氣總署，擁有過去四十年全美所有土地的紅外線衛星影像圖，但當然也全堆放在地下室。植物會吸收可見光，反射紅外線。你可以依照紅外線的反射量計算出每塊農地裡的生質能（biomass，指適合當燃料使用的死亡動植物有機體）。弗萊柏幫 Google 和美國國家海洋暨大氣總署牽線，最後 Google 把這些資料數位化，並讓弗萊柏免費取用。「那時我們發現，許多農民謊報播種日期。」弗萊柏說。

原來，通常對農夫而言，愈早種下種籽，農獲量會愈高，但聯邦農作物保險卻有明文規定可以開始耕種的最早日期，為了符合保險資格，農民只好故意呈報較晚的播種日期給政府。證據全在衛星照片上好幾十年了，只是從來沒人看得到這些資料。

弗萊柏的數學團隊在美國農業部，找到全美二千六百萬塊農地每一塊的形狀和大小的資料，在內政部（Department of the Interior）則找到每塊農地的土壤組成資料。「他們告訴我，從來沒人向他們申請過要看這些東西。」弗萊柏說。但是，那個土壤資料庫實在太大，大到無法利用網路傳輸，所以他只好付錢給政府將它放進硬碟，再運到亞馬遜公司的工程部，請他們放上雲端。從二〇〇七年到二〇一三年，弗萊柏的公司每年用的資料數量都比前一年成長四十倍。

「所有我們利用的資料如果不是政府機關長期在收集，根本不會存在，」弗萊柏說：「私人機構是絕對不會做這種事的。如果沒有這些資料，我們什麼預測都做不了。沒有這些資料，我們也沒生意可做。研讀、分析資料之後，我們終於可以將天氣對農業的影響數據化。」

二〇一一年，弗萊柏決定將精力投注在農作品保險上，將公司名稱從「天氣保險」改成了「氣候公司」（The Climate Corporation）。「我們必須擺脫矽谷人的思考習慣，異想天開的事要少做一點。」接下來幾年，他有一半的時間都在路上，向一個又一個抱持懷疑態度的人解釋。他說：「農民什麼事都不相信，因為過去老是有外地來的陌生人，來向他們推銷一些奇怪的東西。」

他會在穀倉或木工店坐下，拿出他的 iPad，攤開一大張他那天所在的玉米生產區的州地圖。他讓農民們伸手在他的 iPad 上點開自己的農地，所有的惡劣天候（寒害、乾旱、下冰雹之類的）發生機率，以及他的農作物對氣候的敏感度，立刻顯現在螢幕之上。然後，他會給那位農民看在過去三十年裡，如果購買了天氣保險，他每一年可以賺到多少錢。接著，在矽谷土生土長的科技人弗萊柏，會教導農民關於他自己農田的知識。他會給農民看他的農地，在哪一個時刻的含水量是多少，因為當它到達某個程度之上，如果繼續耕種反而對田地造成損害。他會讓農民觀看每日雨量和氣溫紀錄——你可能會以為這種事農民怎麼會不知道，但是，事實上，一個農民可能管理橫跨數個縣市的二十或三十塊農地，根本沒法兼顧。他會讓農民看他的農作物目前生長到哪個階段，告訴他施肥的最佳時刻，在哪八天內種下種籽最好，以及理想的收割日期。

對農民來說，施肥可是件大事。「肥料是農民們最大的支出。」弗萊柏說：「一公頃的地，如果玉米種籽需要付一百美元，那麼肥料就要兩百美元，而一公頃地的利潤可能只有一百元上下。如果在施肥之後立刻下雨，肥料便會被水沖走。所以你要怎麼決定何時播種？何時施肥？我遇過農民事後對我說：『去年你幫我省了四十萬美元。』」

耕種向來非常依賴農民的主觀直覺，氣候公司卻將它變成一門依機率做決定的科學。農民們和上天對賭的遊戲從輪盤換成了二十一點，而弗萊柏則在一旁幫他們數牌、記牌。「許多農民的反應是，『天啊！我的頭要炸了！』」弗萊柏回憶。「他們不敢相信人類居然能夠創造出這一方面的知識。他們一生中經歷過的新科技都是實體的，新機器、新種籽、新類型的肥料。對農民來說，這些都不過是工具。沒有一項能夠取代農民本身。」沒有一個人開口問過弗萊柏這個問題：如果我的知識已經沒用了，誰還需要我？

不過，這是一個好問題。「還是有很多事我們沒有資料可以分析，需要農民自行判斷。」他說：「比如說，農地裡有蟲害嗎？但是，隨著時間過去，這類的事會愈來愈少。將來每一件小事都會被觀察；每一件小事都能被預測。」

大約在他們開始賣保險給農民一年左右，氣候公司的員工注意到一件很有趣的事：購買他們天氣保險的農民，往往花很多時間在玩保險公司給他們帳戶登入的電腦軟體。

「我們發現農民們會登入系統，來查看他們農田的相關資料。」弗萊柏說。為了承保美國農地，他必須比農民更了解他們的田地，現在農民也知道這個事實。「我們原本以為我們是提供保險的公司，事實上，我們是提供知識的公司，」弗萊柏說：「對農民來說，我們提供保險，更提供他們建議。」二〇一一年，氣候公司開張第一年的年收入是六千萬美元。三年之後，他們承保了一億五千萬公頃的美國農地，包括大部分的玉米生產區，同時教導農民如何更有效率地耕種。在創投業者評估弗萊柏的新公司只值六百萬美元之後六年，德國拜耳集團下的孟山都（Monsanto）以十一億美元的代價買下它。

然而，整件事落幕之後，弗萊柏心裡卻感到愈來愈不安。「當你來自舊金山，在矽谷長大，『進步』成了一切的衡量標準，」他說：「社會的進步，經濟的進步，科技的進步。於是你漸漸習慣，將它視為理所當然。你以為全世界都是這麼運作的，因為你看到的一切都在進步、都在變好。可是，如果你搭上飛機，降落在除了大城市之外的區域，你卻會感覺時間彷彿靜止了，一切都和從前一樣，都停滯不前。那兒的人過得還是『我們家族在過去七十年來一直耕種同樣的六塊農田』，並且在十九歲或二十歲就結婚的生活。完全是進步的反面教材。生活就是努力活下去。人生就是讓一切維持原樣。」

在他的旅途中，他看到許多農人領了支票後，勉強撐到下一次能再領到錢的日子。他們暴露的風險並不存在於弗萊柏的生活裡，而天氣不過是其中的一項。他開始注意到其他種類的資料，比如說，百分之四十的美國人無法負擔超過一千美元的意外開支。農民們以前並不窮，但是，靠天吃飯的不穩定性，同時受到現代化的威脅，他們的經濟狀況確實每況愈下。農民並不利用桌上型電腦工作，所以大多錯過了網路萌芽的時代，不過，他們有手機，而且在二〇〇八年美國鄉下紛紛架起3G寬頻網路時，農民們終於也開始上網。「網路的問題是它讓地球上所有的人都看到自己錯過了什麼。」弗萊柏說：「如果你無法參一腳，便會覺得自己真是太倒楣了。世界正在發生那麼明顯且徹底的改變，而你卻被排除在外。」

弗萊柏在幫助農民鞏固眼前經濟未來的同時，卻也動搖了他們對自身價值的肯定。「你的家族在這片土地耕種了一、兩百年，而我創造的這個吃資料的機器，只花了我兩年，卻能比你們做得更好。」在他和每個農民對話中，他都彷彿聽到了這句耳語。

弗萊柏和他在科技業的朋友常聚在一起，玩賭注頗高的德州撲克。二〇一六年總統大選前的最後一次聚會，他跟大家說：我賭川普贏，誰要跟我賭？

川普上台，珍貴數據悄悄從政府資料庫中消失……

帕蒂爾發現，川普就任之後，一筆又一筆的數據從聯邦政府的資料庫中消失。例如，環保署與內政部的官方網頁上，與氣候變遷有關的資料全都不見了。

拿USDA的網站來說，上頭原本有一份報告，列出被政府點名虐待動物的企業名單，現在不見了。過去，民眾投訴金融機構的紀錄可公開查詢，但川普新任命的「消費者金融保護局」局長密克·慕凡尼（Mick Mulvaney）說，他將終止這項服務。瑪麗亞颶風過境兩周之後，聯邦緊急事務管理署（Federal Emergency Management Agency，簡稱FEMA）網站上關於波多黎各飲用水與電力供應的統計數據，全數被刪除。克莉兒・馬龍（Clare Malone）與傑夫・艾胥賀（Jeff Asher）在一篇發表於《538》（*FiveThirtyEight*，一個由統計專家奈特・席佛創辦的知名民調網站）上的文章中，指出川普執政後，聯邦調查局所公布的第一份年度犯罪統計報告中，相較於前一年的報告，有高達四分之三的表格不見了。「二〇一六年的報告中消失的表格，包括了被逮捕人數、殺人案件相關背景（例如，凶手與受害者之間的關係為何等等），以及全國唯一的幫派殺人案件統計。」他們寫道。川普聲稱很重視暴力犯罪，卻刪除了最關鍵的數據。

儘管帕蒂爾是美國史上第一位「首席數據科學家」，但川普顯然根本沒把他放在眼裡。「我知道，這些人根本不會聽我們的，」帕蒂爾說：「所以我們離開前，準備了許多備忘錄，讓他們知道政府多年來所收集的數據有多麼重要。」他希望接手的人看到這些備忘錄之後，能明白政府所擁有的這些龐大數據中，還有許多珍貴的訊息等待被挖掘。

舉例來說，交通意外死亡率飆升，為什麼？交通部目前就有豐富的數據等待著被分析。過去三十年來，美國因車禍死亡的人數不斷遞減，如今卻急遽飆升，平均每天有一百人因車禍死亡。「我們並不清楚真正的原因，」帕蒂爾說：「是因為開車時分心？還是因為車子變重了？還是大家開車速度變快了？開車時間增加了？腳踏車專用道變多了？」

從政府數據中所淬鍊出來的知識，將會改寫美國人的日常生活。例如，你可以去研究疫苗注射的統計數據，製作一張流行病風險地圖。「假設你找來一位痲疹病人，隨便找個地方丟包，請問，丟在哪個城市會造成最嚴重的痲疹大流行？」帕蒂爾說：「換言之，哪個城市爆發流行病的風險最高？這一類的問題，當你取得相關數據，是有可能事先預防的。現在大家都只擔心，數據會被濫用，但事實上，如果沒有數據，我們就完了。」

這些備忘錄應該至今沒有人看，帕蒂爾猜想，因為他完全沒聽到任何來自川普政府的回應。他後來發現，川普的人並不是輕視數據，每一次他們拒絕公布數據，幾乎背後都牽扯著某種特定產業的利益，例如槍枝、能源、家禽等等。他說：「潘翰德市的官網上，原本有一個氣象預測的連結，點閱率非常非常高，但是，我發現他們把連結拿掉了，我很想問他們為什麼，為什麼要拿掉？」後來他才知道，被川普任命接掌國家海洋暨大氣總署的那位老兄，認為誰想要看氣象資料，誰就得付費才行。

政府內部如今出現了一道裂痕，這道裂痕的兩邊，不是共和黨與民主黨，而是「為民」服務的公務員，以及「為錢」服務的公務員。

就快沒衛星監測天氣了，兩黨還在吵……

第一次與蘇麗文見面時，帕蒂爾原本想與她談談如何更有效利用政府手中的數據，結果反而被她點醒。「她說得很有道理，她告訴我，在政府部門工作，你必須想像自己全身被綁得死死的——就像巨人格列佛被小人國的人全身綑綁那樣。如果你想動一動你的腳趾頭，必須先取得同意才行。如果在這種情況下，你還是相信自己能行動，那你也許真的能做些什麼。」

所有氣象模型都有一個最重要的數據來源，就是人造衛星——例如「地球同步衛星」在赤道附近移動，不斷拍攝地表上的一切變化，「極軌衛星」則是從北極繞行到南極，記錄整個地球的資訊。透過它們，我們可以知道大氣層的溫度與溼度，可以掌握地表上有多少面積被植物覆蓋，可以監測臭氧變化，可以探知地表溫度並提前通報可能發生的火災，而且不只為美國的天氣預測模型提供數據，歐洲與亞洲也同樣受惠。如果沒有極軌衛星所帶來的數據，世界各地的氣象預測會更不準，你很可能會去到機場才發現你的班機已經停飛，可能遇上森林大火，或是受困於突如其來的暴雨中。「一九〇〇年德州加爾維斯敦（Galveston, Texas）那場史上最強颶風來襲的時候，我們還沒有衛星，」國家海洋暨大氣總署研究員提姆·施密特（Tim Schmit）說：「結果造成上萬人罹難。」

自從不再當太空人之後，蘇麗文參與過一個又一個大型的科學研究計畫。剛開始，她在國家海洋暨大氣總署當了三年的首席科學家。緊接著，她接掌「科學與產業中心」，該中心位於俄亥俄州哥倫布市，旗下有一座面積高達三十二萬平方呎的博物館及研究中心。二〇〇六年，她在俄亥俄州立大學，擔任該校新設的科學與數學教育中心首屆主任。二〇一一年，當她回鍋國家海洋暨大氣總署時，一枚在一九九〇年代發射的極軌衛星即將屆滿使用期限。但由於兩大政黨對於預算始終無法達成共識，使得接替的新衛星遲遲無法順利升空。「她發現，這些政治人物所做的決定，會把大家都害慘，」帕蒂爾說：「如今我們面臨的是一場國安危機，因為我們再也無法監測暴風雨。」在帕蒂爾看來，一場無法監測的暴風雨，就跟一次難以預知的恐怖攻擊沒兩樣。

柯林頓當總統時，曾經要求三個不同的政府部門——國防部、太空總署與國家海洋暨大氣總署，共同管理極軌衛星，但是這三個部門合作得並不順暢。「三個部門一起管，太難了！因為有時候你會很忙，或是遇到什麼麻煩，這時你很容易告訴自己不去理會這些衛星，心想著反正另外兩個部門會搞定。而且，一旦出了紕漏，沒有人願意負責。還有，國會常傳達各種不同意見給不同部門、更改預算，也讓不同部門很難採取一致行動。白宮與國會之間，要嘛不清楚對各部會工作的細節，要嘛各有各的立場，很少取得共識。他們彼此攻擊、推卸自己的責任。誰的後台夠硬，誰講話就大聲。例如國防部，就常常是講話最大聲的部會，因為它掌握的資源最多，在政壇也有最多人相挺。

然而，歐巴馬政府拆散NASA與國防部，把這個任務交給了國家海洋暨大氣總署。問題是，蘇麗文這次回鍋接掌的國家海洋暨大氣總署，今時已經不同往日。儘管在國家海洋暨大氣總署內部，氣象預測的品質愈來愈好，但是在外部，政治氣氛卻愈來愈糟。在國家海洋暨大氣總署，或是其他聯邦政府機構工作，可不像在NASA。當你是一位太空人，你會被大家捧在手心；當你告訴大家你在NASA上班，大家會圍著你問東問西。

之所以如此，不是沒有原因的。因為從一開始，政府就鼓勵NASA盡量宣傳。「政府允許ＮＡＳＡ向全世界宣揚自己的事蹟，」蘇麗文說：「ＮＡＳＡ的知名度愈高愈好，因為這個單位成立的目的之一，就是重建國人信心，在ＮＡＳＡ，你可以看到國家之光。」

但國家海洋暨大氣總署沒有代表國家之光的人物，也沒有什麼光榮事蹟。不，其實光榮事蹟很多，而且國家海洋暨大氣總署裡有許多貢獻卓著的成員，只是不為外界所知。例如，剛剛提到的施密特，這位人造衛星專家，就默默拯救了數以千計美國人的生命。「這是國家海洋暨大氣總署先天上的限制，」蘇麗文說：「沒人替國家海洋暨大氣總署打知名度，相反的，過去數十年來，這個單位只有被打壓的分。」

別告訴我風速，要警告我屋頂會掀翻、水會淹到膝蓋

人民與政府之間的關係，常讓她感到不解，政府是在為整個社會服務，但為什

麼社會上有這麼多人完全不關心政府？「就算是受過高等教育的人，對於政府部門的結構與功能都一無所知，這點讓我非常吃驚，」她說：「很多人沒有『公民意識』，只有『消費者意識』，認為政府應該像服務生、司機那樣伺候人民，完全不理解人民與政府其實在同一條船上禍福與共。」

蘇麗文回鍋國家海洋暨大氣總署之後的第一項大挑戰，就是解決極軌衛星壽命即將結束的難題，她也順利達成任務。「面對一再刁難的政客與律師，她完全不為所動，」一位親自目睹蘇麗文處理問題的前國家海洋暨大氣總署官員說：「她很堅定地告訴對方，別給我們單位的人製造麻煩，讓他們好好做事！」最後她順利爭取到一枚全新的極軌衛星預算，順利在二〇一七年十一月升空。

不僅如此，她同時做了另一項安排，避免她將來的繼任者也遇上跟她一樣的難題。「明明知道需要不只一枚人造衛星，卻還是只買一枚，這個世界上沒有比這種做法更愚蠢的事了。」她說。她認為國家海洋暨大氣總署應該為接下來所需要的第二、第三、甚至第四枚衛星提前做好準備，擬定好預算，而且這一來還能發揮規模效益，可以降低某些較為複雜零件的成本。問題只是出在政府，可以日後才付的錢往往不願意今天就給。總之，最後她想到了方法說服國會，讓國家海洋暨大氣總署一次就爭取到好幾枚人造衛星的預算。

蘇麗文完成這項任務的整個過程，應該可以成為哈佛商學院的個案研究，也可以寫成一份備忘錄給川普政府參考。但這份備忘錄就算真寫出來，顯然也絕不會被理會。因為川普所提出的第一份預算案中，就刪除了她先前所爭取到的未來幾枚人造衛星預算。川普的人當然沒有跟她討論過這件事，但如果有，蘇麗文說她會給對方一個非常直接的建議：「你必須想想，要你的執政團隊重視哪些事，因為如果一件事不被重視，就一定不會有人去執行。世界上有些事情不用有人執行就會自然發生，但並不是每件事情都如此，有些事情必須有人執行才成。」例如，人造衛星的如期升空，而且沒超出預算；如果執政的人沒搞清楚狀況，人民的生命就會受到威脅。

這也正是她接下來要進行的大計畫，她稱之為「天氣準備組織」（Weather-

Ready Nation，簡稱 WRN）。她發起這項計畫，主要是因為前面提到的、二〇一一年五月襲擊密蘇里州的那場喬普林龍捲風（Joplin tornado，造成近一百六十人罹難、超過一千人受傷，損失高達二十八億美元）。這個組織有好幾個目標，包括如何讓居民對氣候變化的反應更迅速、如何降低漁獲量受天氣影響等等，不過，最重要的目標，是希望能幫助人民在面臨威脅時，能有更充分的準備。

在蘇麗文的推薦下，路易．烏切里尼（Louis Uccellini）接掌了美國國家氣象局，他和蘇麗文一樣，都想要幫助人民對氣候威脅做好準備。

長期以來，氣象局的專家們非常不解，為什麼人們總是輕忽他們所發布的氣象預警？但想也知道，這些專家都是科學家，長時間浸淫在自己的氣象世界裡。「我有一天突然發現，我們所發布的消息都是些專業術語，一般人根本不容易看懂，」蘇麗文說：「我這才想到，一般人對氣象數據是沒有感覺的，他們需要的是一個懂氣象、被他們所信賴的人。我們所發布的消息往往把最關鍵的部分，也就是這場風暴將對你帶來什麼樣的影響，埋到一堆專業數據裡。一般老百姓對『機率』無感，也無法想像『風速』、『降雨量』等專業術語，到底會帶來什麼樣的具體傷害——例如屋頂被掀翻、水會淹到膝蓋等等。當我告訴你風速將達五百毫巴，你很可能完全無感，你只想知道：你住的地方會受到什麼樣的威脅？」

因此，她想要了解一般民眾在接收氣象預警消息時會遇到哪些情況。她需要國家海洋暨大氣總署裡的人，弄清楚人們如何回應各種氣象警報與風險。國家海洋暨大氣總署科學家們所遭遇的問題，其實正是心理學家與行為經濟學家非常感興趣的題材。「但這些科學家並不怎麼關心民眾反應，他們會說『別來煩我，那不是我該做的事。』」蘇麗文必須先說服國家海洋暨大氣總署裡的人，雖然她也沒把握能不能成功。

這讓她聯想起挑戰者號爆炸之後所發生的事。當時，美國各地城市爭相以殉難的太空人，為街道與學校命名，但對蘇麗文，以及太空人的家人而言，光是紀念是不夠的。每一位與罹難太空人熟識的親友，更希望外界知道這幾位太空人對世人的貢獻。「他們都很自豪，能為世人帶來科學與科技新知，」蘇麗文說：「我們該怎麼接棒？」

一九八六年底，幾位罹難太空人家屬決定成立一項科學教育課程，至於是什麼樣的內容，她們當時還沒拿定主意，希望蘇麗文能幫忙。於是，蘇麗文召集家屬們開會，讓大家理解這項任務並不容易。「我告訴他們，這麼做的確是很好的紀念方式，但我們必須找更多志同道合的人一起加入才行，大家集思廣益很重要，這樣才能激盪出新的想法。」討論的過程中有一句話，她到今天仍然印象深刻：當你想完成自己真正想做的事，唯一的方法就是想出一個好點子。

於是，她找來許多不同領域的人，例如老師、博物館學家、教科書出版商、策展人等等，喔，還有建築師。這些人全都與航太圈沒有任何關係，家屬們一個也不認識，但蘇麗文相信他們能為新計畫帶來貢獻。在蘇麗文的召集下，大夥兒聚集在亞利桑那州奧拉克爾市（Oracle, Arizona）的「生物圈二號」（Biosphere 2，一個人造封閉生態系統及生態箱，被用來測試人類如何在一個封閉的生物圈，例如太空中生活和工作），「我希望把大家暫時抽離原本所熟悉的環境。」蘇麗文說。

會議才開始沒多久，參與討論的那位建築師不斷想主導議題，大談他對未來建築設計的構想，蘇麗文與在座其他人都發現，這位建築師根本沒興趣聽別人說什麼，於是隔天蘇麗文就請他離開了。其他與會者討論到最後，決定要針對中學生設計一門課程。今天，全世界共有五十二個「挑戰者號中心」，超過四百五十萬中學生受惠。

喬普林龍捲風事件之後，許多心理學家與行為科學家也踏進了氣象領域。蘇麗文在二〇一四年說服國會，將「社會科學研究」納入國家海洋暨大氣總署的法定任務。因此，今天國家海洋暨大氣總署可以依法聘請不同領域的專家，收集各種相關數據，幫助他們了解民眾心中的想法，進而拯救更多生命。

當氣象專家遇上行為經濟學家……

說到龍捲風，最有意思的一個特徵是：我們必須等到龍捲風席捲地面之後，才知道它有多強大。國家氣象局可以在颶風來臨前幾天，就提供你各種相關資訊——風有多強、暴風圈有多大、路徑可能怎麼移動等等。當你坐在紐奧良家中，思考著要不要趕緊跳上車、開到附近的曼菲爾市避難時，你會很清楚如果不逃，將迎接一場什麼樣的風暴。

但龍捲風不是如此，就像美國大陸上其他氣象變化，龍捲風從西往東移動，但路徑完全不可預測，而且威力有多大，得看它們帶來的災害有多嚴重。如果把颶風比喻為夫妻之間偶爾發生的爭吵，那麼龍捲風就像一場盲目約會。

龍捲風的強度分一到五級，我們稱之為「藤田級數」（Fujita scale）。跟一般強度標準不同的是，即便是最初級的藤田級數，都足以讓人膽戰心驚——F1級龍捲風會掀起屋頂、把車子吹翻；如果是F2，則可毀掉一台偌大的貨櫃屋、把牛隻拋上空中。

七歲的金・克洛柯（Kim Klockow）在伊利諾州納波維爾市（Naperville, Illinois）一片草地上玩的時候，目睹了她人生中第一個龍捲風，但她完全不知道自己看到什麼。「我看到捲捲的雲。」她說。一九九〇年八月，席捲伊利諾州平菲爾市（Plainfield, Illinois）的龍捲風，事先完全沒有人看出來，它躲過氣象雷達的偵測，藏在一場暴雨中，肉眼也完全無法辨識，國家氣象局完全沒有針對這個龍捲風發出任何預警，而是直到龍捲風肆虐一個小時之後才知道有這個龍捲風。當時，龍捲風已經南下，成了芝加哥有紀錄以來，第一個F5級的龍捲風。一個F5級龍捲風的威力，足以讓一台車子變成一顆瞬間飛起的飛彈，讓一棟房子消失無蹤。兩天後，克洛柯的父母載著她逛了一趟平菲爾市，她看到許多熟悉的建築物要嘛成了廢墟，要嘛根本成了空地，就像《綠野仙蹤》裡的房子一樣。「我覺得房子應該是讓我們安全的地方，」她說：「不應該是危險的地方。」

這次龍捲風造成二十九人罹難、數以百計居民受傷，附近社區受創慘重。隔年，當另一場風暴來襲時，居民非常害怕。克洛柯當時和媽媽及兩歲的妹妹在附近另一個大城市喬利埃特（Joliet, Illinois），準備要報名念法語班。聽到龍捲風來襲的消息，媽媽抱起兩個女兒趕緊開車逃離，「我們真的跑給龍捲風追，」克洛柯回憶說：「冰雹落在車子的聲音，好像子彈打到似的。」也不知道為什麼，媽媽要她們搖下車子的窗戶，所以冰雹也落在她的腿上。「媽媽不斷大叫，但我完全不知道她說的是什麼意思，只知道她一直喊：冰雹！冰雹！冰雹！」車子開回家後，媽媽對著她大吼：「快進屋子裡！到地下室去！」於是，她趕緊跑回家躲起來，心想這下糟了，房子會不會被吹走？

「經過那一次之後，我絕對不放過任何一筆氣象資訊，」克洛柯說：「我想這裡每一位氣象專家都有類似的經歷，我們都是童年心靈受創過的人。」

一個炎熱的五月早晨，我到克洛柯的辦公室——奧克拉荷馬州諾曼市的國家氣象局「風暴預測中心」（Storm Prediction Center）接她。這個由奧克拉荷馬大學與國家海洋暨大氣總署合資成立的風暴預測中心，選擇在這美國中南部落腳真是再恰當不過了——來自墨西哥的暖氣流與來自洛磯山脈的冷氣流交匯，所產生的風暴威力比核子彈還強。沒錯，德州的龍捲風比奧克拉荷馬州多一倍，但奧克拉荷馬州的龍捲風涵蓋範圍更大；堪薩斯州的龍捲風數量也比奧克拉荷馬多三分之一，但堪薩斯州的面積比奧克拉荷馬州大了三分之一，人口少了三分之一。換言之，如果你想要目睹人與嚴峻氣象相遇，這裡是你最理想的選擇。這裡的氣象中心大樓頂樓是一個面朝西邊的監測器，觀測可能來襲的龍捲風。「在這裡遇上一場威力強大的龍捲風，比看足球賽還刺激。」奧克拉荷馬大學的「國家風險與重建中心」主任漢克．強金史密斯（Hank Jenkins-Smith）說。

克洛柯是在二〇〇六年來到奧克拉荷馬大學念研究所，她念的是……，ㄟ，其實當時她也不知道自己要念什麼。她大學拿了雙學位，一個是氣象，一個是經濟學，當時她比較專注的領域是風暴對經濟的衝擊，例如當一個社區被龍捲風襲擊，居民的財務狀況會受到什麼影響？探討這類問題她很感興趣，但總覺得還少了點什麼。「我感覺氣象研究者想問的問題，無法從一般傳統經濟學的理論中找到答案。」

於是，她開始對行為經濟學感興趣，並且試著解答一個問題：到底人們是如何理解氣象風險的？要如何利用人們理解風險的方式，來幫助大家降低可能的傷害？例如，當你告訴一個人，「龍捲風即將在一周後來襲」，他很可能完全不會放在心上；但如果你告訴他「你的房子可能會被捲走」，他就會比較緊張。她很想知道什麼時候、在什麼情況下，人們會從原本的「不在乎」變得「在乎」，在什麼時候、什麼情況下，會從「在乎」變得願意「採取行動」。

二〇一〇年十二月，她正準備寫論文，一位指導教授建議她做田野調查，親自去訪問居民，聽聽他們如何回應可能威脅生命財產安全的氣象消息。「教授說，如果二〇一一年有發生重大天災，妳就可以有專案研究的題材了，」克洛柯說：「結果就發生了喬普林龍捲風。」

不過，有意思的是，她並不是去訪問喬普林居民，而是跑到阿拉巴馬州與密西西比州去做訪問。因為就在喬普林肆虐密蘇里州之前數周，阿拉巴馬周與密西西比州也曾出現龍捲風，那一年共有三百六十個龍捲風，造成三百二十四人死亡、數以千計受傷，被稱為「二〇一一超級風暴」。克洛柯不在密蘇里州進行田野研究，主要理由是「已經在風暴中死掉的人，我要怎麼做訪問、研究他們的決定？」

不是時間不夠，而是沒人相信自己這麼衰

二〇一一年這場風暴，讓氣象專家非常重視兩件事。首先，二十分鐘前所發布的龍捲風警報，顯然不足以讓居民有充分時間逃離。這也正是為什麼這幾個州所選出來的國會議員堅持，氣象局必須有辦法在龍捲風來襲前一個小時預知並且發布警報；氣象局也二話不說，默默接下這項挑戰。「我想知道的是：如果時間更充裕，人們會做什麼事？」

採訪了阿拉巴馬州與密西西比州經歷過龍捲風、但安然無恙的居民後，她得到一個驚人發現：時間，根本不是重點。

她發現，居民們其實並沒有忽視政府所發出的警報。「他們都知道龍捲風要來，也沒有輕忽警報，」克洛柯說：「而是他們不認為龍捲風會真的吹倒自己的房子！」一篇她共同掛名的研究論文指出，人們往往會把「家」與「安全」連結在一起，認為只要待在家裡，一切都會平安。很多人都有一種錯誤的自信，以為自己不

會被風暴所傷，心裡相信「絕不會這麼巧、不會這麼倒楣」。

那些明明該找掩護卻沒有找掩護的人，都有一個共同點，就是：相信自己住的房子過去從來沒有被龍捲風掃過、龍捲風才不會剛好就掃到自已的社區、警報聽了這麼多年也從來沒有真的發生什麼災害——包括二〇一一年在內。克洛柯從居民們口中聽到各種不會遇上龍捲風的理由，例如，他們會說「龍捲風從來不會越過旁邊的河」、「龍捲風從來不會沿著高速公路前進」、「龍捲風從來不會侵襲印地安人墓園」等等。

她所訪問的對象中，住在城市東區的人通常比住在西區的人更安心，因為很多人都相信建築物可以阻擋由西往東移動的龍捲風，也相信山坡能阻擋風暴。克洛柯說：「龍捲風會侵襲哪，完全是隨機的，會怎麼移動是看空中氣流的變化而定，完全與人們所熟悉的地形、建築無關。」心理學家早就發現，人們常會歸納出某些自以為是的「模式」，但其實這些模式根本就不存在。

我和克洛柯一起開著車，從她任職的「風暴預測中心」朝著西邊出發，幾分鐘後我們經過諾曼市，來到摩爾市，穿過一座座購物中心與汽車銷售中心。住在諾曼的人比較不擔心被龍捲風掃到，但摩爾市民會覺得比較危險。摩爾居民心中的陰影，可以追溯到一九九九年五月三日，一道直徑一英里、風速高達每小時三百英里（地表有史以來最高紀錄）的龍捲風，跨越高速公路直奔而來，造成三十六人死亡。其中有位婦人照專家的指示掩護——躲在浴缸裡，然後用床墊蓋上，但一台被龍捲風高高舉起的汽車，從屋頂摔落把她壓死。還有，二〇一三年五月二十三日，另一起Ｆ５級的龍捲風再度襲擊摩爾，二十四人罹難，其中包括七名學校裡的學生。除此之外，摩爾還被兩次Ｆ４級的龍捲風，以及好幾次規模較小的風暴席捲。二〇一三年，這裡已經被冠上「龍捲風吸盤」的稱號。

「摩爾居民的風險意識，是諾曼居民的兩倍。」在奧克拉荷馬州，摩爾是唯一建築物有防強風規範的城鎮，萬一真遇上龍捲風警報，該鎮還有一套逃生計畫，讓家長把孩子送到有避難室設備的學校。相反的，「遇上龍捲風警報，住在諾曼的居民比較不會特別做什麼準備，」克洛柯說：「住在這裡的居民同樣認為，摩爾比較可能被襲擊。而這個小鎮，很可能是全世界對龍捲風暴最了解的地方，因為數以百計氣象專家就住在這裡。」

開在一條又直又熱的路上，大約過了一個多小時，我們抵達艾爾雷諾市（El Reno）。克洛柯說：「來看看這裡，就在樹林裡。」二〇一三年摩爾龍捲風肆虐的十一天後，這裡也被發生了有名的艾爾雷諾龍捲風——暴風直徑寬達二．六英里，是史上涵蓋範圍最廣的龍捲風。「一場巨大的風暴，是會在空間留下疤痕的。」克洛柯說。

氣象專家們所重視的第二件事，是人們太輕忽龍捲風的「後果」。專家們認為，如果在發布警報的同時，能提醒民眾可能面對的具體災害，才會有更多人願意認真做好防災準備。他們稱這種新型態的警報為「影響程度警報」（impact based warnings），不過，老實說，跟原本的警報本質上沒什麼差別。

過去，氣象局很少直接面對民眾。氣象局直接發布警報的對象，是各地方政府以及電視台的氣象主管，然後再由地方政府與電視台向民眾發布警報。但現在，氣象局希望媒體能讓民眾更具體想像，如果不做好準備、不找地方掩護所可能發生的嚴重後果。「我們的基本想法是：民眾真的沒多想後果的嚴重性，」克洛柯說：「一旦讓民眾知道有多嚴重，他們就會採取行動。」例如：

> 「整個社區可能遭夷平。房子與大樓可能會被連根拔起。道路會被阻斷。設施將嚴重損毀，滿目瘡痍。」

只顧著研究風暴，卻忽略了被風暴威脅的人

在奧克拉荷馬州，氣象新聞是一門競爭激烈的生意。許多氣象主播本來就在想盡辦法，讓自己的氣象預報看起來更生動有趣。「其實，早在我們想到這一點的時候，他們已經在播報中以各種最壞的情況來吸引觀眾，」克洛柯說：「身為政府單位，我們的用詞不能太過火，但一般媒體常會這樣。當你在報導龍捲風時常常加油

添醋，就會帶來另一個問題：降低其他『所有』氣象預報的可信度。」

艾爾雷諾龍捲風襲擊奧克拉荷馬市的三十分鐘前，一位名叫麥克·摩根（Mike Morgan）的氣象主播告訴所有觀眾，如果你不躲到地下室，你就死定了。但問題是，絕大多數居民家裡根本沒有地下室，因此嚇壞了的民眾顧不得車子同樣經不起龍捲風暴，仍然紛紛開車上路找地方避難，結果整條州際公路往南的路段大塞車，就像個停車場。當艾爾雷諾撲過來，塞在高速公路上的車子也岌岌可危。

幸好，艾爾雷諾龍捲風後來漸漸遠離地面，才不至於釀成更嚴重的災難，最後只造成八人死亡。

在克洛柯看來，這起事件並沒有受到應有的關注。「假如艾爾雷諾繼續按照原本的路徑前進，沒有離開地面，死傷人數很可能會跟卡崔娜颶風差不多，這是一場『差點發生的災難』，讓人捏了一把冷汗。」

艾爾雷諾也是一記敲醒克洛柯的警鐘。「如果不了解民眾的想法，我們要怎麼幫助他們？」她說：「我們只顧著研究風暴的威脅，卻忽略了被風暴威脅的人。」

她認為「影響程度警報」其實也有欺騙之嫌，因為一場龍捲風的後果有多嚴重，事先是不可能知道的。

她非常篤定地說，其實大家都知道被龍捲風席捲的後果有多嚴重，阿拉巴馬州與密西西比州的居民知道，喬普林鎮居民也知道，問題在於（從她眼中看來）人們無法想像那些發生在別的地方的災難，也可能會降臨自己身上。對很多人來說，警報聲就像假新聞，政府必須設法讓民眾把警報當真才行。

幾個月後，克洛柯搬到華府，在一位負責監督商務部的參議員辦公室裡工作。「我想要從國家海洋暨大氣總署內部開始改造，」她說：「想改變，你必須找裡頭的人一起努力。」二〇一四年底，她終於與蘇麗文相遇，國家海洋暨大氣總署正式聘請克洛柯擔任史上、也是唯一一位社會科學研究員。

克洛伊在這裡待了三年，一直希望可以成立一個社會科學專屬部門，負責主導研究計畫，以及幫助社會大眾學習更多氣象知識。「最大的問題在於，我們研究一個全新的領域，」她說：「我們不知道如何避免人們因天災而死亡，我們需要更多數據，來了解原因，我們必須觀察人們處理氣象資訊的行為模式。」

但她很挫折。「AccuWeather 的CEO麥爾斯在開會時直接說，這不是我該做的事情，他認為這是負責宣傳的部門該做的事。但我認為這不是宣傳而已，這可是在拯救人命。於是我心想：要如何在不擋 AccuWeather 財路的情況下，達成我們期望的任務？」

她原本就打算搬回奧克拉荷馬州，川普當選之後，她更加確定與其由上到下改造氣象局，還不如先從小目標開始。「這是蘇麗文給我的靈感，她要我別奢望整個氣象局會從上到下瞬間改變，相反的，應該透過推動小計畫，由下而上改造組織。」

克洛科回到奧克拉荷馬大學幾個禮拜後，二〇一七年五月，風暴預測中心的專家預測，一場風暴即將威脅德州潘翰德市（Panhandle），她二話不說，跳上一位氣象專家的車子往西邊開、朝風暴的方向奔去。「在華府待太久，我遺忘了這種感覺。」她說。她們在德州找到了暴風圈，並緊跟著暴風行徑的方向，往奧克拉荷馬州前進。這位曾經被暴風嚇得半死的小女孩，如今成了對暴風窮追不捨的大女孩了。

通常，當暴風圈來到奧克拉荷馬州，會進一步擴大。「我親眼看著它變大，」她說：「簡直太可怕了。」就在車子快要抵達艾克市（Elk City）時，她聽到氣象局發布了龍捲風警報，於是她趕緊停了下來。「我們不會追到城市內，」她說：「我們不想追上去目睹死亡與災情。」

我和她，沿著這條又直又熱的路，經過顯眼的「切諾基百貨」（Cherokee Trading Post & Boot Outlet），抵達了艾克市。

眼前的風暴，很可能暗藏著一道龍捲風

過去四十年來，隆尼．萊森胡佛（Lonnie Risenhoover）一直負責管理貝克漢郡（Beckham County）的緊急狀況。他在艾克市出生長大，曾是艾克市的消防員。自從他的曾祖父在十九世紀（奧克拉荷馬還沒加入美國聯邦）來到這裡後，整個家族

就落地生根。貝克漢郡人口大約只有兩萬五千人，其中有一半就住在艾克市，而且大部分的人，萊森胡佛都認識。

他這輩子看過太多龍捲風了，而貝克漢郡一直很幸運，居民聽到龍捲風警報也總是一派輕鬆，只有當地電視台會歇斯底里地緊張兮兮。唯一會讓他認真看的，是氣象局所發布的龍捲風警報。每天早上起床，他會先看看NWSChat（氣象局與各地方政府的互動平台）上有什麼訊息。

二〇一七年五月十六日那天早上，他隱約感覺不太對勁，但當時也說不出原因。氣象局說，暴風圈會從德州潘翰德市過來，但這根本不算什麼預報，因為平常這裡遇上的暴風圈本來就是從潘翰德市來，而且這回也沒有特別強調會有龍捲風。

但龍捲風跟一般暴風圈不一樣，目前為止氣象專家仍無法在龍捲風出現之前，預知龍捲風即將形成。氣象局只能在「看見」——透過肉眼或雷達——龍捲風之後，才能發布警報。萊森胡佛說：「我發現，他們用的語言改變了，例如以前他們說『龍捲風警報』（tornado warning），現在他們說這是『龍捲風緊急警報』（tornado emergency）。」

那天看了NWSChat的訊息之後，他心中隱隱不安，有種不祥的預感。

在艾克市消防局裡，有人專門負責觀測龍捲風動態，基本上，都是在定點靠肉眼觀察，也因此會有觀察不到的死角。「消防局沒有足夠的人手，貝克漢郡西邊成了鞭長莫及的死角，」萊森胡佛說：「而我基本上是單兵作戰，只能盡量開著車子到處跑。」

說到車子，他的卡車上有各種各樣器材，多到你不敢開口問，因為這鐵定是三言兩語解釋不完的。他可以在自己的卡車上，測量風速、看雷達、可以和氣象局連線，就算手機收不到訊號也沒問題。一發現天氣有異狀，他會跳上卡車朝西奔去，設法找一個最理想的觀測位置。

乍看之下，你會以為貝克漢郡地勢非常平坦，一眼望去盡是金黃色的小麥田與牧場。但有四十年經驗的萊森胡佛卻非常清楚這一區每一個地形細節。很快的，他就找到了一個面對西南方的最高處、一個最理想的觀測地點。風暴預測中心的氣象專家通常會跟在暴風圈的後面跑，避免被龍捲風掃到，但萊森胡佛不用追，而是在定點上等著龍捲風朝他而來。他說：「剛開始，我老婆會跟著我一起，後來她不肯來了，她說我把她嚇壞了。」

看到了……又好像沒有。「我看到漏斗形狀了，」他說：「但除非看到有東西被捲到空中，否則也不會發布警報。」但不管他看到的是什麼，很快又消失無蹤。如果真有龍捲風，他完全無法判斷離他多遠、速度有多快。他不想草率地發布警報，否則下回居民們再也不輕易相信他。就在這時，他發現氣象局所發布的消息也異於平常：明明氣象局也沒看到龍捲風，為什麼所發布的警報卻彷彿龍捲風就在眼前？他說：「我不斷接收到氣象局的訊息，非常多，所以我心想，這回一定非常嚴重。」

眼前的風暴，很可能暗藏著一道龍捲風，他沒有掉頭回去艾克市，而是往南朝著風暴開去。一路上，他將自己看到的回報給氣象局，氣象局也將觀測到的資訊傳送給他。他車上的風速表顯示，周圍的風正以每小時七十九英里的速度被捲入風暴中。他心裡不斷盤算，到底該怎麼做才好？要先緩一緩，等確定看到龍捲風出現再說，還是趕緊打給氣象局發布警報，讓鎮上的警報器大聲鳴放？

「我必須做個決定，」他說：「最後我打給了氣象局。」因為他發現了一些掉落地面的電纜，原本支撐電纜的柱子全不見了，顯然龍捲風已經掃過此處，繼續往鎮上奔去，而他竟然沒發現。他原本以為，自己等在風暴的前面，沒想到風暴早超前他。就在這時，他看到了！不過，第一眼他還沒意識到自己看到了什麼，因為這道龍捲風跟我們在電影裡看到的完全不同。「看起來像一片掉到地上的雲，」他形容：「而且非常非常巨大。」

接下來的二十分鐘，他一直跟在龍捲風後面，目睹了牛隻被捲到空中、橡樹被攔腰折斷、校車成了廢鐵、許多車子摔成一片。至於沿途他所熟悉的大樹、電話亭、停放路邊的大貨車，全都不見了。

當你追著龍捲風跑，你必須特別留意自己的速度。沒多久，他看到一片被風摧毀的新房子，「只剩下柱子了。」他說。與此同時，不斷有東西從空中墜落。他抬頭，看到一個巨大桶子飛過。「不斷有東西掉下來，」他說：「我太靠近龍捲風，不能再往前了！」

一路上，他的手機不斷響起，天氣頻道、CNN、MSNBC，所有電視台都想找他，都想知道龍捲風的災情。問題是，他當時也不知道災情如何。後來他才曉得，在艾克市有超過兩百間平房、三十八棟大樓被摧毀。不過，最讓他感到震驚的，是他發現很多人竟然選擇留在危險狀態中。例如，一位名叫凱倫．席德（Karen Snyder）的女士為了陪伴貓咪，無論如何不肯離開家，最後眼睜睜看著自己的房子被吹走；另一位名叫金恩．密克斯（Gene Mikles）的居民打電話問警方，需不需要找地方避難？警方告訴他一定要。於是他出發前往避難所，可是他中途折返，就為了拿手機，結果被人發現死在屋外的院子。

巧的是，二〇一七年五月十六日上午，風暴預測中心一群研究員正好在測試一個新的龍捲風預測模型，並發現當時正有一個龍捲風即將形成。過去氣象專家們一直相信，有一天人類能在龍捲風形成之前，就預知它的誕生。這一天終於來了，這群研究人員立刻通知氣象局值班的氣象專家，並且發布了警報。不過，跟一般警報不一樣的是：這不是「龍捲風警報」，而是「即將發布龍捲風警報」的警報。

氣象局裡發生了什麼事，萊森胡佛一無所知，卻能感覺到這回氣象局所發布的警報跟過去不太一樣。這正是克洛柯努力的目標：不是告訴民眾怎麼做，而是要說服大家相信，危險即將來臨。「奧克拉荷馬居民會感謝提醒大家逃難的媒體，」但萊森胡佛說：「其實，該感謝的是氣象局。」

最後把你害死的，往往是你作夢也不相信會發生的事

有一天晚上吃飯時，我和克洛柯以及有「國家風險與重建中心」主任漢克．強金史密斯、共同主任凱羅．希瓦（Carol Silva）一起玩了個遊戲。她們都是畢生投入氣候風險研究的專家，於是我問她們：什麼樣的人或什麼樣的東西，最可能在龍捲風中逃過一劫？舉個例子來說，如果你是一棵樹，最好是棵柳樹而不是橡樹。有

些答案她們比較有共識，例如馬比牛安全，狗比貓安全（因為狗比較聽話）等等。不過，當涉及比較複雜的人性時，她們就比較沒把握了。「擅長處理某種風險的人，未必也擅長處理另一種風險。」希瓦說。

不過，我們還是繼續往下玩。例如，她們都相信，有錢人會比窮人安全；如住在移動房屋的人，死亡機率是一般人的三十倍。還有，家有小孩的人會比家有寵物的人安全，因為通常避難所不收寵物。至於男性與女性之間，何者死亡的機率較高？關於這點，她們曾經有點爭執，但最後她們都同意：女性還是比男性安全，因為男性比較有冒險傾向。「通常會跑到屋外看個究竟的，都是男性，」希瓦說：「關於這點，你可以常在Youtube上看到，通常會冒著生命危險在屋外拍攝龍捲風的都是男人，然後她們的老婆會躲在屋子裡尖叫，『你快點躲進來！』」

最後我問她們：共和黨跟民主黨，哪個黨的支持者比較安全？在貝克漢郡，有百分之八十七．五的人投給川普。強金史密斯說，民主黨支持者的優勢，在於他們會比較信任政府發布的消息（畢竟當時是民主黨執政），但共和黨也有優勢，不過要看他們是哪一種共和黨：如果是極端個人主義者，那就非常危險（跟這種人相比，民主黨支持者會比較安全），但如果這個共和黨支持者屬於某個連結緊密的社群（例如教會），那他或她很可能比較安全。「我們需要的是一個信任政府、同時也被社群中其他成員信任的人。」強金史密斯說，萊森胡佛就是這樣的人。

其實，我腦海裡還有一個問題，只是一直沒有機會問他們：究竟是經歷過龍捲風的人比較危險，還是從來沒見過龍捲風的人比較危險？為什麼？有過經驗當然有幫助，但沒經歷過龍捲風則未必就比較危險。

不過，話說回來，「經驗」很可能扮演著重要的角色。每個人的一生，都會有不同的經歷，而你所經歷的一切，會倒過來形塑你的世界觀。例如，當龍捲風過去從來沒出現在你居住的城鎮，你很可能會傾向相信未來也不會出現。

艾克市這場龍捲風過後幾個星期，萊森胡佛帶著不同部門的政府官員巡視災區。其中一位來自ＦＥＭＡ的官員，負責審核哪些人符合接受災難救濟的資格。有一天，萊森胡佛載著他在艾克市巡視時，來到芬莉小姐住的地方，她的房子全毀、穀倉也沒了——毫無疑問，她絕對符合接受救濟的資格。於是，萊森胡佛停下車，讓這位ＦＥＭＡ官員跟她談一談。芬莉小姐說：「你知道嗎？十年來，我一直禱告，希望能有場龍捲風來把我的穀倉捲走，可是我沒想到上帝連我的房子也拿走。」

ＦＥＭＡ官員不解，為什麼她要禱告、要龍捲風把自己的穀倉捲走？「我每天一走出家門，就看到這座穀倉，」她說：「然後我回到家，也要看到這座穀倉。」這更讓官員感到疑惑：為什麼這個女人如此討厭自己的穀倉？芬莉小姐說：「因為這個穀倉，是十年前我老公自殺的地方。」

或許，你有很好的理由希望龍捲風降臨，或許災難對你來說反而是塞翁失馬，但如果即將來襲的是一場你「完全無法想像的風暴」，那你就倒大楣了。

國家圖書館出版品預行編目（CIP）資料

第五風暴：一個失控政府，一場全球災難 / 麥可．路易士 (Michael Lewis) 著；卓妙容，吳凱琳，沈大白合譯．-- 初版．-- 臺北市：早安財經文化，2019.05
面；　公分．--（早安財經講堂；84）
譯自：The fifth risk
ISBN 978-986-83196-7-7（平裝）

1. 美國政府　2. 公共行政

574.52　　108003888

早安財經講堂 84
第五風暴
一個失控政府，一場全球災難
The Fifth Risk

作　　者：麥可・路易士 Michael Lewis
譯　　者：卓妙容、吳凱琳、沈大白
封面設計：Bert.design
責任編輯：李秋絨

發 行 人：沈雲驄
發行人特助：戴志靜、黃靜怡
行銷企畫：楊佩珍、游荏涵
出版發行：早安財經文化有限公司
電話：(02) 2368-6840　傳真：(02) 2368-7115
早安財經網站：goodmorningnet.com
早安財經粉絲專頁：www.facebook.com/gmpress
沈雲驄說財經 podcast：linktr.ee/goodmoneytalk

郵撥帳號：19708033　戶名：早安財經文化有限公司
讀者服務專線：(02)2368-6840　服務時間：週一至週五 10:00~18:00
24 小時傳真服務：(02)2368-7115
讀者服務信箱：service@morningnet.com.tw

總 經 銷：大和書報圖書股份有限公司
電話：(02)8990-2588
製版印刷：中原造像股份有限公司
初版 1 刷：2019 年 5 月
初版 9 刷：2024 年 7 月

定　　價：380 元
I S B N：978-986-83196-7-7（平裝）